把痛苦寫成一朵花

書寫自癒力

周麗瑗 著

目錄
contents

回顧篇／

面對傷痛，開啟療癒之旅

對話篇／
展開對話，產生療癒力量

與父親對話　把父親當成一個陌生人重新認識 168

終結篇／

重塑自我，完成心理蛻變

序言　不是所有的書寫，都能通往療癒

我相信，翻開這本書的你，如果不是對書寫感興趣，就是對療癒感興趣，或者是對書寫與療癒都感興趣。非常感謝你的信任，讓我有機會與你分享這套自我療癒的方法，希望在閱讀過程中，你也會感謝自己當初翻開這本書，決定跟著書中引導的方法一路寫下去。

本書總共分為四個篇章，從一開始的基礎引導到最後的自我重塑，都為了讓這一路的書寫歷程通往自我療癒的目標。接下來我先簡單說明本書的特色。

第一篇是基礎篇，有兩個重點。首先，書中會引導你用三、四天的時間恢復自己的寫作能力，嘗試練習「自由書寫」。除了重新培養書寫的習慣，更重要的是提升你對思緒的敏感度。先是學習觀察自己的思緒如何運作，再透過一次次書寫，漸漸恢復自己長期冰封的感受。

第二個重點是要嘗試探索自己的「核心情緒」。如果只是平鋪直敘地表達生活中的感受，而不深究造成我們痛苦背後的核心情緒，也不試圖表達出來，就無法了解核心情緒何時發生，也無法理解過往的反應和行為，如何造成自己現在的模樣。

這個過程並不愉悅，甚至需要一定的勇氣。因此，如果你想跟隨書中內容進行練習，我希望你能給自己獨處的時間與空間，讓自己有能力面對曾經受傷的情緒。

第二篇是回顧篇。我們要從不同的成長階段，找出當時挑起核心情緒的事件，也就是說，我們要根據「感受」這條線索來回憶過去。此時大多數人回憶的並不是美好的事件，因此在進入第二篇回顧過往時，你可能會感到恐懼，但在這個階段，我希望你能正視這份傷痛。如果跟著全書的練習走到最後，相信你一定會非常感激自己勇敢面對，因為將最深刻的想法和感受表達出來，這樣的表達本身就是一種自我療癒。當然，如果此時喚起的情緒太過痛苦，你可以先暫時擱置，做點別的事讓自己放鬆下來，過段時間再試著書寫。

第三篇是對話篇，讓我們與自己生命中的重要他人展開對話。當我們能面對生命中的創傷、遺憾和失去，我們內心也會產生一股力量，幫助我們面對現在的自己，發現生活中其實還有很多重要的人事物。

第四篇是終結篇，也是自我重塑的階段。我們整理了自己的過往，也會理解自己的父母，甚至是整個家族。深入理解之後，你可以思考自己未來希望成為什麼樣的人，再回頭看看現在的自己如何帶著過去的感受和創傷往前走。書寫過程中，我們可以讓此時此刻的自己與未來的自己進行對話。

療癒，代表我們能夠看到自己的傷痛，理解傷痛的由來，進而轉化創傷的情緒，讓我們不再像過往一樣，對特定事件產生強烈的情緒，而是能客觀、理性地思考與行動。療癒，是指張開心靈之眼，看到內心被傷痛所掩蓋而難以表達的需求，不再強行鞭策自己，降低精神內耗，更從容自在地面對生活。

當然，療癒並不代表從今以後不再感到難過或困擾，也不代表今後無論面對什麼情況，我們都能處之泰然。過去的經驗對我們心靈造成的傷痛，如同身上的傷口，即使癒合，也可能在某個陰雨天突然隱隱作痛。因此，我們對療癒要有合理的預期，這也是療癒之路啟程前重要的心理準備。

我認為將書寫與療癒結合在一起，是一種安全的自我療癒方式。經由書寫，我們能夠更加貼近自己的內心，對自己的習慣有所覺察。我自己花了將近兩年的時間親身體驗當中療癒書寫的方法，也建議你從頭閱讀本書，並依照書中安排的順序進行這趟自我療癒的旅程。

在此特別提醒，如果你曾遭遇重大創傷，或是在書寫過程中引發非常強烈的情緒反應，甚至影響到生活，請停止這種療癒書寫的方法，尋求專業人士的協助，讓專業介入，共同處理自己的議題。不過，如果你書寫時引發的情緒強度還可以忍受，請允許自己體驗這些情緒，相信經歷整個過程之後，你會收穫生命的禮物。

本書能有初稿成形，要感謝研發顧問劉琪禎的大力支持，也非常感謝我的學生分享他們私密的生命故事。恭喜大家即將踏上這趟自我療癒的旅程，在閱讀本書之後，希望你能得到內在的平靜與安寧——這份屬於自己的禮物。

基礎篇

恢復感受，找到核心情緒

我建議你從頭開始閱讀，並且跟隨每一章的練習開始書寫。正如序言所說，如果你能依照順序閱讀並勤加練習，就可以掌握一套以書寫來療癒創傷的方法。萬丈高樓平地起，這是我們療癒自我的重要前提。

基礎篇總共分為六個步驟，每個步驟缺一不可。因此，請在基礎篇放慢速度，反覆練習，細細領會每個步驟的重要意涵與精華。

步驟1　為什麼需要療癒書寫

翻閱本書之前，你對療癒書寫了解多少？寫作與療癒，這兩個詞相信大家都不陌生，但這兩個概念如何結合在一起？這會產生怎樣的效果？接下來，我會先介紹寫作與心理療癒的關係。

寫作與心理療癒的關係

你也許接觸過許多關於寫作的文章或課程，教導寫作的技巧與脈絡，例如如何下標、如何分段、如何在收尾時呼應主題和昇華，讓文章引起共鳴等等。如果用這樣的方式寫作，你也許能成為一名很好的創作者，甚至能以文字換取報酬；但你也失去了寫作中最關鍵的事物，也就是文章的「靈魂」，這也是作者和作家之間的差異所在。

文章的「靈魂」來自於何處呢？

我們先從作家的身上找尋規律。如果你仔細觀察，你可能會在同一位作家的不同作品當中，發現作家經常表達相似的主題。以張愛玲為例，許多作品講述的都是愛而不得的故事，充滿無限的孤獨以及對人性的深刻洞悉；再如諾貝爾文學獎得主莫言，他的寫作永遠是從饑餓的童年開始，延伸到苦難與孤獨；而中國作家余華的作品則充斥大量的鮮血，總是圍繞在「生命」的主題。無論故事內容如何變化，你會發現每位作家的作品都散發著相似的味道，這就是作家終其一生都在解決的、屬於自己的人生難題。

若你回顧自己接觸過的影視或文學作品，不難發現吸引我們看下去的，永遠是作品表現的衝突。衝突能引發讀者的情緒，也只有情緒才能驅使讀者不斷閱讀下去。衝突從何而來？衝突來自每一位作家的內心深處。許多優秀的作家終其一生都在做同一件事情，就是不斷地把自己內心的衝突表達出來。

這就是問題的答案：作者和作家的差異在於文章的「靈魂」，在於能否寫出內心深處難以處理的難題。如果我們能夠充分表達內心的衝突，每個人都有成為作家的潛力。當然，成為作家是一個比較遙遠的目標，也許你並不想成為作家，那麼寫作對你而言到底有什麼實質幫助？

真正影響我們生活的許多問題，其實都深藏在我們的潛意識當中，也就是那些已經發生，但尚未達到意識狀態的心理活動。這些心理活動平時埋藏在心靈深處，無法在理智上有所意識。心理學的治療過程就是將潛意識轉化為意識，讓本人的內在衝突浮現，這就是療癒的開始。這個理論來自精神分析學派的鼻祖——佛洛伊德。

作家也是在做相同的事情，他們將難以言喻的情感表達出來，將潛意識逐漸意識化。他們經由作品表達內心的衝突，喚醒內心深處有相似傷痛的人，引起人們的共鳴，最後達到療癒的效果。因此，寫作對於一般人而言，至少有一個功能是幫助我們處理內心衝突。

相信潛意識確實存在，是從心理學的角度了解寫作的前提。如果你在書寫的過程中，發覺思緒根本停不下來，文字從指尖自然流淌而出，也許你就能找到自己寫作的根源——或者說，找到自己傷痛的根源。潛意識會自由流動，發掘我們過往的祕密，重新連結我們的記憶；意識範圍內停留的，只是我們想要記住的事情，而那些影響我們，卻被選擇性忽略的事情，卻不是意識能夠觸碰的。因此，寫作就像是尋寶的過程，潛意識就是那份寶藏，我們的意識好像重壓在寶藏上的山岳，嚴防死守避免寶藏被發現。我們必須深入探索，才能發掘真相。

書寫時，你不需要把注意力放在任何外界的關係。一直以來，我們關注的焦點都是外在的人事物，如果你開始書寫，我希望在書寫中，與你交流的只有你的電腦或紙筆。進入書寫的過程中，你可能會覺得自己抽離於外在的世界，因為你與外界的連結，只在於你的電腦或紙筆。隨著本書推進，你會發現自己重複出現的感受與內在衝突越來越多，持續深入探索之後，你也會重新發現自己。透過書寫，你彷彿經歷了一次又一次的心理諮商。

本書是我多年來自我療癒的經驗整理。在二〇一五年的夏天，我雖然還在進行內在的自我整合，內心卻一直有股衝動，想把領悟和整合的內容寫下來。書寫之前，我根本沒有對這件事做任何定義，沒有想到傷痛或是衝突，更沒想到這些紀錄最後會出版。我只是上網隨意搜尋「心理學」三個字，找到一個漂亮的網站，把每天的情緒和體會寫在上面。當時，我只是為了記錄自己療癒的過程，卻在年底意外得到該網站頒發「最佳心理學作者」的稱號。自此之後，就有幾家非常知名的心理學平台找我簽約。

一開始寫的時候，我完全想不到三個月之後會得到「最佳心理學作者」的稱號，更無法預料之後的文章有百萬人次閱覽，甚至沒想到會連續出版三本心理學書籍。我寫的那一刻只是「為寫而寫」，因為內心有衝動，泉湧而出的感受和體會希望有個可以傾訴與表達的管道，之後就順其自然轉化為這些成果。多年後，許多編輯問我：「老師怎麼有源源不絕的寫作能量？」我的回答都是一樣：「因為我是靠寫作來消耗自己過剩的精力。」現在回頭來看，那些「精力」是什麼呢？其實就是自己的內在衝突，就是自己內心的傷痛。

因此，療癒書寫就像是我們為自己持續進行的心理諮商。我們需要先將潛意識意識化，再來探索並處理自身的創傷，找出創傷新的存在意義，甚至需要了解更多上一代的經歷，協助自己理解並發現新的意義。完成這些過程，我們才能達到療癒自我的目標。

三階段找出核心情緒

療癒書寫包括三個階段：覺察、發現、療癒。

第一階段：覺察

這個階段是以自由書寫的方法，在持續書寫的過程中進行自我覺察。**在這個階段，你要盡可能觀察自己的思緒如何從一個點跳到另一個點上**，當然，不需要思考或分析整個過程，要做的就是持續記錄，不要停止書寫。無論是起床時看到睡在你腳邊的貓，還是刷牙時的靈光乍現，或是同事開了一個玩笑；凡是讓思緒起伏並讓你有記錄衝動的瞬間，都是可以自由書寫的時刻。

許多學生跟我提過，他們把情緒寫下來以後，確實感覺情緒好像消失了。的確如此，當我們內心的情感得以抒發，大部分情況下，情緒的強度就會明顯降低，可見寫作確實具有一定的功效。書寫之前，你可能還在盛怒中，但書寫之後，心情可能舒暢許多。其實，這就是寫作這項工具最直接的療癒效果。

但是，這樣的狀態與真正的療癒還相距甚遠，這就是基礎篇內容非常重要的關鍵——重新恢復我們的感受，發掘我們的核心情緒。

第二階段：發現

在第二階段，要經由反覆出現的感受切入我們的內心。有些人進行自由書寫一段時間之後，即使每天寫的事情不同，最後卻發現自己老是在寫相同的議題。例如，週一出門的時候，另一半抱怨你沒有把家裡收拾好。坐捷運時，你就把這件事情記錄下來，當時的感受是氣憤和委屈。在這個瞬間，你又聯想到許多的事情，這些都可以一一記錄。然後你可能在週三的書寫中又出現了相同的議題，只是情況不同。例如，老闆把原本應該屬於你的功勞歸功於全體部門，甚至沒有特別提到你，你當時的感覺是委屈和憤怒。

> 注意：記錄中反覆出現了委屈和憤怒。

持續自由書寫的過程，我們總會在其中發現相似的議題，可能是同樣的想法，也可能就像這個例子是同樣的感受。這時，請注意反覆出現的想法和感受是有意義的。

因為對於同樣一件事情，其他人的內心可能不會產生這麼大的反應，但是對你而言，由此產生的情緒卻是家常便飯，這種情緒就是你的議題。

你可以在這裡做個標記，問問自己：為什麼我容易有「這種情緒」？

當然，有些人可能對自己的感受並不敏感，因為我們在日常生活中很容易忽略自己的感受，**我們還可以找到一個非常好的切入點，就是自己的身體感受**。即使你不知道自己此刻的感受是委屈或是憤怒，但你可能會感覺到肩膀緊繃、胃部抽搐。如果你在自由書寫的過程反覆出現這樣的情況，這也是探索內在情緒的一個訊號，當然，你一樣可以在這個地方做個標記，留待後續進一步探索。

關於感受不夠敏銳這部分，我想再多作說明。以我這些年寫作和教學的經驗，我整理出大致有兩種類型的人比較難感受到情緒。一種類型的人是無論如何都寫不到重點。他們會說：「我非常難過。」但他們沒有辦法用語言具體命名自己的感受。難過有非常多種，到底是沮喪、鬱悶、痛苦、挫折、傷心，還是無奈？如果無法將感受以具體的情緒命名，就無法進行細膩的表達；無法清晰辨認感受，就無從談起療癒。此外，難過程度如何？是沮喪到覺得自己被全世界孤立了嗎？還是挫折到覺得自己如同螻蟻，隨時都可能被踩在腳底？有些人日常表達就忽略了這些細膩和精準的描述，因此落實到寫作也同樣如此。

另一種類型的人，把自己的情緒、感受，甚至創傷寫出來之後，反而越寫越受傷，越寫越覺得充滿負能量。雖然有些療癒書寫的課程認為，不要觸碰那些創傷，不要面對那些感受，多想想自己擁有的人事物，雖然這種方式也有可取之處，但並不能帶來完整的療癒。

其實，療癒書寫屬於表達性治療的一個小類別，在心理學界已有數十年的發展歷史。牛津大學出版的《正向心理學手冊》（第三版）寫道：「在寫作練習後的幾個月裡，那些寫下自己對於創傷事件『最深刻的想法和感受』的人，因病就診的次數減少五成。這種寫作也被稱為『表達性寫作』。為了探討生理上的變化，研究人員設計了另一項研究：在受試者開始寫作的前一天、最後一次寫作的時候，以及結束寫作六週後，分別對受試者進行抽血檢驗，評估免疫功能。結果發現，那些寫下自己想法和感受的人，免疫功能大幅提升。這種影響在寫作的最後一天達到高峰，而且會持續六週以上。除此之外，研究人員還發現，受試者經常提到寫作能協助他們理解和處理事情。」

因此，在寫作過程中，我們不斷「回到過去」探索最核心的情感，對於自己非常有益。如果我們寫作只是平鋪直敘地記錄生活中的感受，而不挖掘深藏在痛苦之下的核心情感，就無法找出在生命中反覆作梗的核心情感。如果我們無法看到核心情感，就無法看到這個核心情感何時形成，當然難以理解自己一連串的反應和行為，如何讓自己成為今天的模樣。

這就是我們第二階段的內容，經由本書的引導，請盡量細膩地表達你的感受，並且一層層深入，直至找到自己的核心情感。這並不是一個愉悅的過程，而且需要一定的勇氣。我們書寫時，若能從中發現自己反覆出現的想法、心理感受和身體反應，就有機會整理出其中的規律，這可能就是我們生命的癥結所在。

第三階段：療癒

接下來，我們就會順利進入到第三階段。當自我探索進行到一定階段時，會發覺自己在某種情緒上出現無限循環。我們一再想要逃避情緒，卻怎麼也逃不掉；一再想要逃避的情境，卻反覆發生；我們似乎用盡一切努力，但就是擺脫不了重複的劇情。在很久之前，我們稱之為「命運」。

電影《今天暫時停止》中，男主角每天醒來都在重複當天發生的事情，陷入一個無法逃脫的困境。如果我們用同樣的模式對待每一天，同樣也會陷入無限反覆的循環。我們可能會和不同的人發生同樣的衝突，或是被不同的人觸發同樣的感受。如果一個人幼時因寄人籬下經歷了排斥感，那麼在長大後，他在職場可能也會覺得自己經常遭到孤立。我們會一而再、再而三陷入這樣的輪迴，時間久了，就構成所謂的「命運」。

書寫過程中，我們會不斷發現並深入了解自己心中的議題，包括這些議題源自生命中哪個階段、來自什麼事件。接下來，我們需要書寫那份傷痛，這些傷痛可能來自原生家庭，來自父母或是我們的成長經驗。

在這裡，我們需要跟自己生命中的重要他人展開對話。談到生命中的創傷或遺憾，我們需要一股力量來面對過去的自己，並在目前生活中發現能幫助我們的人事物。這部分要歸功於我們在回顧過往時對自己的新發現，我們可能會發現自己一部分的記憶遭到扭曲了。

怎麼說呢？舉例而言，如果我非常痛恨自己的父親，那我在回憶時，無論父親做什麼，我想到的都是他不好的一面。但是，如果我以客觀中立的立場來回顧，就會發現自己過去並不了解事情的全貌，也許在書寫過程中，我的看法就會發生變化。而且，**大腦有個神奇的功能，就是感受會改變記憶**。也許當初不過是一件微不足道的小事，但因為對我造成了很大的傷害，所以我每次回憶時，感受就強化了當時的記憶，帶給我非常痛苦的感受。如果我們從不同的角度來回憶，可能會發現自己的看法已經不知不覺改變了，而當我們的看法改變之後，感受也會慢慢改變。

透過書寫，我們一步步檢視、發現自己遺忘的過往，這些回憶甚至能整理成家族的回憶錄。在整理過程中，我們會從父母，甚至祖輩留給我們的資產和力量中，進一步了解，只有接納當下的自我，我們才能重建自我。我們透過書寫，就能悄無聲息地與過去的自己達成和解。

以上三個階段，就是療癒書寫的過程。是不是很神奇呢？我想特別強調，如果你只是閱讀而沒有動筆書寫，那麼以上的一切都不會發生。我還想多說一些來鼓勵你，總而言之，跟隨本書學習療癒書寫的方法，對你還有許多好處。

首先，你的情緒會變得平穩。連續書寫數個月之後，生活中原本容易造成情緒起伏的情況會慢慢減少。

其次，你會學到一套自我療癒的方法。如果你只給自己一個月的時間，自然不可能達到完全療癒的效果。因此，請你依照書中的方法練習，並在學習後不斷使用，療癒就會自然發生。

最後，非常重要的一點是，我一直強調，療癒書寫是一種安全的自我療癒方式。如果你平常找不到朋友傾訴，或是沒有預算尋求長期的心理諮商，那麼，將自己的心聲寫下來自我分析，就是最快的療癒之道。因為分析的「對象」是你自己，不是「外人」，因此，相信你在這樣的「交談」中，會有足夠的安全感。

接下來，就讓我們開始學習這套療癒書寫的方法吧！

步驟2 如何開始自由書寫

我們已經了解為什麼要書寫，以及書寫如何為心靈帶來療癒。對許多人而言，自由書寫或許不是一個陌生的詞彙。我們都知道，好文章通常是一邊寫、一邊修改出來的。首先，我們需要讓潛意識自由流動，接著修改文章的架構與邏輯，也就是讓意識參與，把潛意識自由流動的內容修改成完整的文章。潛意識的東西越豐富，代表好文章的原始素材越多，改寫起來更順暢，作品也更動人。

不知道你有沒有過這樣的經驗，有時候，雙手在鍵盤上隨著潛意識飛舞，彷彿進入一種懸浮狀態，直至看到螢幕上出現的文字，才反應過來自己寫了什麼。這種體驗是不是很玄？潛意識直接跳過我的大腦，指揮我的雙手，這些未經大腦參與加工的內容非常真實，如果你還沒有過這樣的感覺，請不用著急，也許馬上就會體驗到了。

接下來，我會說明如何開始自由書寫，自由書寫到底有多自由？自由書寫是想到哪，就寫到哪嗎？是形式自由，還是內容自由？自由書寫的目的是什麼？讀完本章，你就能得到這些問題的答案。

想到哪就寫到哪

自由書寫源自於自由聯想，自由聯想是佛洛伊德進行精神分析的主要方法之一。自由書寫的原理是：無論你想到什麼，即使是腦海裡一閃而過的念頭，一些瑣碎的想法，甚至是讓你不舒服的感受，都要立刻記錄下來，在記錄過程中，不做任何控制，只是純粹記錄。

第一次接觸自由書寫時，許多人會覺得很不習慣，因為我們習慣依照命題作文的書寫方式，從小在學校我們就開始寫作文，工作之後寫工作報告，這些內容都與自由書寫沒什麼關係。在成長過程中，我唯一想到與自由書寫有關的，就是小學時寫的日記。

如果你擅長寫日記，你可能就是一個善於自由書寫的人。記得在我小學的時候，國語課的作業是每天寫一篇日記，每週五篇。日記，顧名思義就是把一天中發生的事情記錄下來。其他同學寫日記大多是流水帳，很容易就寫成一天的記錄。例如，早上做了什麼，在學校學到了什麼，晚上跟父母發生了什麼事。小學的時候，我寫的日記幾乎都是班上的範本，這給我很大的鼓勵。至於我的日記為什麼能當作範本呢？現在回想起來，主要是因為其他同學寫日記的時候運用的是思考，有意識地回憶一天中發生的點點滴滴；而我寫的日記，無意中已經依照自由書寫的方式書寫了。我會寫自己看到什麼，感受到什麼，想到什麼，聯想到什麼，最後得到什麼樣的體會。回頭想想，我在寫其他文章的時候，可以讓思緒奔馳，一氣呵成，也是源自那時養成的習慣。三十多年過去了，自由書寫又讓我回到童年的那個時刻。

如何開始自由書寫呢？

可以寫的內容有很多，可以從自己最喜歡的一本書開始，也許寫著寫著，就寫到當初為什麼要結婚。也可以從與另一半的一次爭吵寫起，任由你的思緒把自己帶回童年時父母對你的態度。這樣的寫作方法就叫作自由書寫。你也可以將這種方法理解為「第一念書寫」，也就是跟隨內心浮現的「第一念」，讓念頭源源不絕地從筆端流淌而出。

自由書寫的關鍵就在於自由。方法很簡單，只要你把電腦打開或是拿起筆，捕捉當下的意念，透過指尖表達出來，一直寫下去。這種書寫時的狀態有點像坐禪，因為你在覺察自己的念頭，體會自己的感受。這個過程有一個關鍵：請不要用散漫的態度書寫，而是要跟著思緒奔跑的狀態書寫。你不必糾結用字遣詞，也不需要以理性判斷寫得好不好，自由書寫更像是在坐定後，放鬆身體，隨著一聲槍響，讓思緒狂奔出去，一氣呵成、一貫到底的感覺。不需要太長的時間，只要五分鐘不停歇，你就可以寫出數百字。

以自由書寫的方式寫出來的文章會是什麼樣子呢？我來做個示範：

速食店的咖啡就算是現煮的，也還是速食店的咖啡，配著吃早餐將就一下算了，畢竟我正在寫稿子。稿子已經拖了一週，我必須在九點前完成，上週還能怪水逆，這週沒理由了。吃了一口早餐，火腿的味道怎麼有點怪，這個味道讓我瞬間穿越回到小學一年級第一次吃漢堡的時候，我們去參加市區的活動，中午午餐就是漢堡，第一口吃下去，眞的覺得味道很怪！對，就是這個味道！我的指甲太長了，老是敲到倒退鍵，但指甲的新顏色還蠻漂亮的。我不喜歡這次的美甲師，有點俗氣，總是跟客人閒聊誰家男人有錢，有點媚俗，不過這也是人家的生存之道吧。我又在抱怨了。這個壞毛病不知道什麼時候能改掉，都是像我媽。

這些文字看上去有些混亂，基本上沒什麼邏輯，甚至還有點情緒。因此，自由書寫的重點就是：想到哪就寫到哪。書寫過程中，不要刪除，不要修改，也不要指望其他人能看懂，更不要對文字妄下批判。只要「寫」，寫到思緒窮盡或感受中斷才告一個段落。

與自己坦誠相見

可能有人會疑惑，這樣寫有什麼意義？看起來只是胡說瞎扯，任性發洩而已。這時請你相信人類的大腦，沒有意義的東西是不會被聯想或回憶起來的。當你的書寫從在路上看到一隻蜻蜓，最後寫到最近買的筆不好用時，這些內容必然存在某種程度的關聯。自由書寫不需要分析，你只需要尊重自己的潛意識，讓潛意識帶著你，想到哪就寫到哪。

我看過許多人會強迫自己要自由書寫，例如每天早上起床後花二十分鐘時間坐在電腦前，想到哪寫到哪。我對這個方法抱持審慎保留的態度。一方面，我沒有那麼自律；另一方面，我覺得這樣的書寫形式不夠「自由」。其實，我每天都會寫點東西，但我不會規定自己在特定時間要開始寫東西，也不會限制自己必須在某種狀態下才能寫東西。

如何開始書寫？我只有一個原則，就是有什麼事件觸動了我，不管是觸動我的想法，還是觸動我的感受。一旦受到觸動，我就立刻開手機或電腦做記錄。當然，也並不是說這個方法就一定是對的。因為一旦固定了書寫形式，自由書寫就不「自由」了，因此，你完全可以依照自己的狀態書寫。如果你是一個非常自律的人，甚至自律到有點強迫傾向，你當然可以要求自己在規定的時間完成；但如果你也像我一樣比較肆意散漫，你也可以參考我的方法，自由安排自己的書寫時間。總之，這是你自己的故事，是你自己的人生，書寫的方式也由你自己決定。

在書寫過程中，其實你已經學會了與自己「相遇」。例如，吃了速食店的早餐後，味蕾瞬間把我帶回到小學一年級。說實話，如果不是記錄下來，我也許就只用味蕾感受一下，頂多感覺似曾相識，而不會沿著這種感覺繼續發想，這樣就很容易錯過回憶帶來的畫面。自由書寫不只會讓情緒和壓力得到釋放，還可以讓人貼近更真實的自己。

自由書寫就像一個與自我對話的過程。也有人會問，自由書寫會不會變得越來越自戀？不過，自戀難道是一件壞事嗎？現在許多人的心理問題都源自於不夠「自戀」。當然，這裡的「自戀」是指健康的自尊。我們每天都花了許多時間應對各種關係，包括夫妻關係、父母關係、親子關係、同事關係，以及與主管的關係等等。睡前我們不妨認真地回想一下，我們真正花在自己身上的時間有多少？沒有書寫之前，我們其實很少有時間留給自己。現在，你只是在睡覺之前、起床之後或是工作的空檔，抽出一點時間面對真實的自己，這還談不上是自戀，而是落實到生活中的自愛。

愛自己的前提不就是對自己誠實？我們在面對外在世界的時候，可能有許多言不由衷的時刻，甚至會有一些違背本意的行為，但當你開始自由書寫時，你就必須誠實了。**一個人在誠實面對自己的時候，就會信任自己的情緒，更不會因為做出違心的事**

充滿自責。當一個人對自己不夠誠實，無論表面上看來多麼體面，內心可能都充滿各種羞愧與無奈。自由書寫就是一個與自己坦誠相見的過程，我們在書寫時透過想像對現實進行積極正向的改寫，藉以達到療癒的效果。

自由書寫是一個非常美妙的過程，你越不對自己的思緒進行評斷，就寫得越多，也越信任自己的潛意識。慢慢地你會發覺，你離自己的內心越來越近。因為潛意識浮現的事物非常真實，你或許從來沒有如此近距離地觀看自己、陪伴自己，並且接受自己真實的面貌。你會一層層撕去身上的偽裝，呈現出脆弱的自己、堅強的自己、快樂的自己、悲傷的自己，最終這些都會被你寫進生命當中。

心靈寫作家娜妲莉．高柏有一個「堆肥理論」，認為身體是垃圾堆：「我們蒐集經驗，丟擲到心靈垃圾場的蛋殼、菜渣、咖啡渣和骨頭，腐爛分解以後，製造出氮氣、熱能和非常肥沃的土壤，我們的詩、故事和文章就從這片沃土裡開花結果。不過，這並非一蹴可幾，而是需假以時日，不斷翻掘自己生命裡有機的細節，直到有些細節從雜亂無章的思緒垃圾堆裡篩落下來，落到堅實的黑土上。」因此，自由書寫沒有那麼多規矩、技巧、標準，你可以寫得很自由，可以抒情，也可以紀實或者兩者兼而有之。

寫出自己的生命故事

自由書寫有以下幾個特色。

①你是自己作品唯一的讀者

你是寫給自己看的，可以沉浸在自己的世界當中，隨著內心的想法一直寫下去。你可以在書寫中坦誠寫出自己的快樂、悲傷、感動、憤怒、哀愁……怎麼寫都沒有關係，因為你是為自己而寫。即使他人看不懂也沒有關係，即使你的思緒凌亂跳來跳去，甚至一會兒哭、一會兒笑也沒有關係，你不需要介意自己的文筆好不好，酣暢淋漓地寫下去才是最重要的目的。

②自由書寫是一場向內的旅程

我們的目光或關注焦點平常都是朝外看的，看誰批評我、誰欣賞我、誰長得漂亮、誰更富有，我們關注外在世界遠遠多於關注我們自己。因此，你可能對其他人很熟悉，卻對自己非常陌生。自由書寫就是希望你把目光轉向自我，每天花點時間聆聽自己內在的聲音，了解自己在想什麼：我現在快樂嗎？我幸福嗎？我真正追求的是什麼？我在害怕什麼？我在逃避什麼？我需要改變什麼？我要如何活出自我？只有花足夠的時間聆聽自己，才能聽到自己內在的聲音。

③自由書寫可以提升自我覺察的能力

當我們與自己相處的時間越來越多，覺察力就會越來越強。哪些情緒、思緒會反覆出現？哪些優點或缺點是以前沒有意識到的？這些都會在自由書寫的過程中慢慢浮現。我們甚至會發現，自己的人生是如何一路走來，而生命是又如何成長的。過去沒有好好面對自己，因為我們沒有把時間花在自己身上，當你面對自己的時候，才有可能遇見自己。自由書寫讓我們學習溫柔地面對自己，溫柔地放下面具，用一種溫柔的方式貼近自己。

請記得，**你就是自己生命故事的作家，只有你能書寫自己的生命故事。**起床、刷牙洗臉、著裝打扮、吃早餐、趕著出門，每個生活的瞬間都可能觸動我們，都可能被記錄下來。當你寫得越來越多，就不必擔心自己寫不出東西了，你反而需要擔心自己會上癮。更何況，自由書寫並不是一趟孤獨的旅程，我們可以和許多人一起書寫，一起探索自我。我們可以在書寫中一步步接近真相，一起分享，一起討論，一起與未知的自己相遇。

練習——讓文字從心流淌而出

現在，請開始練習自由書寫。我希望你的書寫從形式到內容都足夠自由。只要內心有所觸動，隨時隨地都可以打開電腦或拿起筆，一氣呵成寫下你的感觸。

記住，不要修改，不要刪除，想到什麼就寫什麼。

＊ ＊ ＊

範文——給自己「五分鐘」

文／天荷

今天聽周老師說，給自己五分鐘的時間，完完全全給自己，讓自己在這五分鐘內自由書寫，想寫什麼就寫什麼。我聽完就繼續忙其他事情。我想，得找一個五分鐘給自己，讓心自在，讓筆暢遊。

剛剛接到一個工作上的電話，對方詢問我工作方面的事，我卻聽成對方在責備我。我的情緒上來了，馬上質問對方爲什麼不信任我。才剛掛電話，我就後悔了。其實這是一件很小的事情，而且是一次很平常的工作溝通，我可以不必有情緒，我看到自己的一個反應模式，所以我立刻停止手上的工作，翻開筆記本，要用「五分鐘」記下這一刻。

我看見自己有一個模式，當別人否認我時，或是當別人對我有很小的質疑時，我會當作對方對我整個人的否定，這種否定已經超越當下的那件事。我在生活中經常會這樣，尤其是和老公相處時，我也常常覺得他在否定我，其實只不過是在某一件事情上跟我有不同的看法。

我想對自己做更深入一點的探索，我發現，這個模式其實對我的人際關係已經造成影響。我越來越不喜歡人際相處，覺得人際互動是一件很麻煩的事，與其和人互動，不如自己伏案讀書寫字。我的書桌其實已經成爲我逃避社交的小天地。

此刻，我在腦海中努力追憶童年，我的父母否定我嗎？好像沒有。但是我的父母值得我信任嗎?好像也沒有。好像這種不信任他人的模式,在很早以前就已經存在了。

好了,超過五分鐘了,我暫時停筆。

＊　＊　＊

寫作指導——自我追問,覺察內心

你在第一天的自由書寫中體驗到「自由」了嗎?你觀察到自己對自己的評斷了嗎?有些人可能覺得提筆很難,或是寫到一半就寫不下去了。一開始的時候,這一切都是正常的,也請你接納這樣的自己。此時,請你聚焦自己的身體感受,尤其是感受胸口、喉嚨會不會有緊張的感覺,同時,請思考自己在生活中哪些時刻也會出現類似的感覺?請進一步覺察,自己是容易壓抑情緒的人嗎?當然,並不是所有的人都會進入這一個階段，這已經是屬於感受層面的部分了。如果我們停留在思緒層面，可能會有更多的發現。

在思緒層面，如果你在書寫的當下對自己「為何如此」感到好奇，建議你可以採用「蘇格拉底式提問」的方式進行自我追問。在心理諮商和心理治療中，提問是基本的談話治療工具，提問也能展現諮商心理師的程度與涵養。療癒書寫作為一種自我療癒的工具，你完全可以自己向自己提問。

舉例而言，我今天很開心地跟先生說一個昨天聽到的笑話，結果他頭也不抬，根本沒笑，我氣壞了。描述完這個事件之後，就可以進行自我提問。

爲什麼我會生氣？因爲先生不理我。

爲什麼他不理我，我就生氣？因爲我感覺自己被忽略了，不被尊重。

爲什麼被尊重那麼重要？因爲我從來都沒有覺得自己被尊重，我的父母也不怎麼尊重我，我才會像現在這樣沒有自信。

如果我更有自信，會怎麼樣？我會很愉悅，對什麼事都充滿信心。

所以，如果先生給我正向積極的回應，我會更有自信，如果他沒有正向積極的回應，我就會覺得非常生氣。

追問的過程，其實是一個讓自己的心思放慢、放緩的過程，就像拿著放大鏡一層層深入觀察自己的思緒。連續追問的過程中，你的大腦可能來不及思考，於是，你的回答可能更接近你的潛意識，你負責在第一時間把這些記錄下來就可以了。這種方法類似於自我分析，如果你覺得對自己很有幫助，可以將這種方法作為自由書寫的輔助工具。當然，我更鼓勵你在外在事件觸動想法和感受時，提筆就寫，隨著指尖，看看它會帶你去到哪裡。

再次提醒各位自由書寫的原則：不要修改，不要刪除，想到什麼就寫什麼。

步驟3　帶著好奇心觀察自己

我們每天都生活在本我與超我的衝突之中，當我們產生某種感受，但外在環境不允許我們表達感受的時候，感受就遭到壓抑，多次感到壓抑，就會形成所謂的本能反應，從而衍生許多問題。

自由書寫的過程中，我們不斷與潛意識溝通，試圖理解潛意識。潛意識與過去的經驗有所關聯，決定我們現在許多行為，形成我們現在的一些「症狀」，好比童年經驗與遺傳基因共同塑造了我們，讓我們成為現在的自己。自由書寫促使我們把腦海中第一時間出現的念頭書寫出來，包括那些令我們羞愧、憤怒，或是平常不允許表達的想法與感受。

自由書寫時，我們不需要對自己的作品有任何評斷，在某種程度上，就像與自己達成了接納與同理。我們一邊寫，一邊接納自己，在充分揭露的過程中，寫出的傷痛得到接納，也獲得了療癒。當內心壓抑的感受被釋放之後，本我與超我的衝突也能得到化解。

有了自由書寫的基礎，我們得以累積豐富的潛意識素材，接下來才能試著觀察自己的「自動化思考」，找出有規律的內容，分析自己的心理議題。

觀察自己的自動化思考

觀察自動化思考並不難，當你在潛意識的海洋中衝浪時，你自然而然就能從理性中抽離出來，這時就可以觀察自己的自動化思考。

何謂自動化思考？我們腦中會有一些一閃而過的念頭，大部分時間，我們無法意識到這些念頭，因為這些念頭來得太快，去得也太快。如果能記錄這些一個接一個的念頭，就可以觀察自己的自動化思考是什麼。換句話說，念頭就像珍珠，我們把珍珠串成項鍊，只要觀察這串項鍊，就知道自動化思考如何運作了。這些一個接一個的念頭，決定了我們的情緒和接下來的行動。有關這一連串的念頭、情緒、行為的組合，就稱為自動化思考。

美國心理學家亞伯·艾里斯提出的「情緒ABC理論」，將誘發感受的事件稱為A，個人對事件的認知產生的信念為B，從信念引發的情緒和行為結果稱C，換言之，個人的負面情緒和行為障礙（C）並非由某個誘發性事件（A）直接引發，而是源自個人對事件（A）的不正確認知，也就是由錯誤信念（B）直接引起。因此事件A只是產生行為C的間接原因，直接原因其實是來自於個人的信念B。

通常我們不會覺察到自己的信念（B），而是誤認為外在的情境（A）直接使我們產生了反應（C）。但實際上，我們對情境的解釋才促使我們產生後續的反應，是我們的信念直接造成了後續的結果。換句話說，你相信什麼，你對情境的解釋就是什麼。這是由我們過去的成長經驗所形成的，但我們往往意識不到。

我來分享一件讓我印象非常深刻的事情。很久以前，我剛到一家公司上班約一個星期，總經理就找我談話，他說有位部門經理投訴我，說我太高傲了。我當時非常震驚與困惑，自己才剛到職一週，還沒認識幾個人，謙虛低調都來不及，高傲是從何而來？後來在工作中，我接觸到那位抱怨我的部門經理，才知道原來他當時遠遠地跟我打招呼，但因為我行色匆匆沒注意到忽略了。為什麼他沒想到我可能沒注意到他呢？我們運用情緒ＡＢＣ理論就非常容易理解了。對於我沒打招呼的事件，部門經理感覺被輕視了，因為他對這個事件有自己的解釋。這個解釋，取決於他對自己的負面信念，認為別人沒打招呼就是刻意忽略他，甚至是看不起他。請思考一下，如果我們沒有捕捉到這樣的信念，而是任由負面信念在生活中不斷重複，對我們的傷害該有多大？這種情況不但會破壞我們的人際關係，更會影響我們每天的情緒。

這個思考過程非常短，如果不用心觀察，就無法留意到這個念頭，只有慢下來，把一個情境梳理開來仔細觀察，才能發現這個念頭。經由書寫的過程，我們可以把這個念頭梳理出來，再去觀察整個自動化思考的過程。你可能就會自問：「為什麼我會這樣想？」多問幾個「為什麼」，就相當於我們直接為自己進行自我分析。

這個過程有點類似「正念」的練習，正念指的是不加評斷地覺察當下。當書寫出越來越多的自動化思考，你就會越來越關注事物「本來的狀態」，而不是你希望「應有的狀態」。

當我們任由潛意識引領自己的雙手在鍵盤飛舞數日之後，可能會遇到一種情況，就是寫來寫去都是相同的內容，捕捉自動化思考似乎開始有些吃力，好像電池耗盡一樣。對於這樣的狀況，我有很深的體會，之前我也曾經把時間安排得很滿，不讓自己有休息的時間，雖然一開始有滿腔的情緒要宣洩，但總會在完成某篇稿件之後，感到筋疲力盡。這時候，書寫不是療癒，而是一種負擔。這種看似非常勤奮的狀態，可能就是一種持續向前衝、消耗自己的模式，這也是我們的人生議題之一。

其實，對於書寫而言，放鬆非常重要，因為書寫是一種需要創造力的活動。放鬆，並非是心靈空虛的玩樂，而是在放鬆狀態下，滋養自己的內在，讓自己更有能量書寫與療癒。因此，放鬆也需要技巧和方法。

在「動中禪」發現潛意識

以下我想介紹大家一套方法，我稱之為「動中禪」。取這個名字只是為了方便記憶，如果與某些理論或教派的名詞雷同或重複，實屬巧合。

「動中禪」三個字當中有兩個重點：一個是「動」，一個是「禪」。如果你能夠在生活中經常實踐「動中禪」，你的內在就會越來越放鬆，而且在放鬆的過程中，內心也會感覺被滋養。

「動中禪」分為二個步驟，第一個步驟是放空。

簡單來說，就是你可以放下書寫的壓力讓自己休息，但你的心仍然要維持向內的狀態，維持自在地獨處，不要看書、看電視或滑手機，你可以什麼都不想，坐在公園的草地，也可以改變回家的路線，慢步走回家，給自己一段無所事事的時間。我最喜歡做的就是去不同的草坪遛狗，看著小狗無拘無束的狀態，我可以放空頭腦，體會小狗的快樂。在這個過程中，我雖然身在外面，外在的一切都是動的，但我的注意力其實是向內的。我觀察周圍的花草樹木與小狗，並在內心與之對話，同時我又在觀察這樣的對話。

一方面，我置身於動的環境，另一方面，我的注意力是向內的，我觀察著自己的感受、思緒和覺知，不加評斷地享受這一切，這就是「禪」。

「動中禪」和寫作的過程一樣，寫作也是向內看。休息和自我滋養的其中一種方式，就是切換一個場景，仍然是一個人獨處，放任思緒奔馳。如果你經常在這樣的狀態當中，就會體驗到類似做夢的狀態。我經常在半夢半醒間靈感倍增，因為那時候是我潛意識最活躍的時刻，畢竟意識還沒來得及「上線」。我請教過研究夢境解讀的諮商心理師，如何把這段充滿靈感的時刻拉長，讓我更有創造力。他告訴我，在睡前不斷問自己想要得到答案的那些問題，反覆想，邊想邊入睡。清晨時，那個答案往往會自然浮現。我自己經過多次的測試，發現這種方式十分有效。

可是，我們做夢的時間很短，如何能夠讓自己更有靈感？靈感產生於潛意識浮現的時候。因此，「動中禪」的練習可以有效地啟發我們的靈感。這種不受限制的思緒漫遊，產生了創造性的思維；人在迷迷糊糊時，反而更有創造力。

什麼是「動」？為什麼要切換到「動」的場景？

大家經常聽到的一種說法是，睡眠是一種非常有效的休息方式。如果你睡眠不足，或者你是體力勞動者，睡眠確實可以迅速協助你恢復精神與體力。但是如果你大部分時間都坐在辦公室，平常也不會睡眠不足，在這種情況下，由於你的身體缺乏運動，處於低亢奮狀態，但是你的大腦卻一刻也沒閒著，處於高亢奮狀態。此時，因為你的體能消耗不多，所以睡眠這種靜止的休息方式對你幫助不大。大腦分為不同的功能區域，每個區域都有明確的分工，掌管身體的不同功能。為了防止用腦過度，最好的方法是勞逸結合，讓大腦每個區域都得到休息的機會。因此，對於極度缺乏運動的知識工作者來說，我們可以有意識地讓大腦從長時間的腦力勞動切換到「動」的場景，這其實就是讓大腦休息。

鍛鍊身體能使身體強壯，我們在鍛鍊的時候全心投入，身形或體重的改變就只是時間問題；對於心理，我們也可以用同樣的方法進行鍛鍊。我們每天都被各種浮現的念頭和思緒帶著走，是因為我們的內心還不夠強大，總是會忍不住去思考。在這種模式下，人只會越來越焦慮。但是，我們可以在大自然中，在每一件微小的事情上，刻意練習如何投入當下。久而久之，就可以大幅減少注意力不集中的現象，焦慮的感覺自然也會有所舒緩。

研究顯示，如果每天抽出十五分鐘離開熟悉的環境，到戶外走一走，能夠有效減少焦慮、憂鬱和疲憊感。因為在單一的環境裡，我們會慣性地使用大腦的想法來回應壓力，這時注意力會全部集中在情緒和壓力上。但是，當我們動起來的時候，更容易體驗到新鮮感。例如，走路的時候，我們會心跳加速、呼吸加快，聞到樹木和泥土的味道，感受春風拂面的觸感，這些新鮮的感受都會吸引我們的注意力，讓我們從情緒或壓力的牢籠中掙脫出來。當我們用雙腳感受大地，用腳掌與大地接觸，肌肉隨著呼吸有節奏地起伏，我們的注意力就會更關注在走路這件事上。由於我們本來漫無目的，我們更能關注身邊的人事物。在這種情況下，天地人融為一體，而不是局限在自己的想法裡，被想法牽著鼻子走。這時，我們再關注自己的內在，就能體會到當下的感受。

「動中禪」的第二個方法就是進行簡單、重複、有規律的事情。例如游泳、開車、煮菜、摺衣服等，這些看似無聊的動作，本質上是一種輕度的催眠。當身體機械式地重複某個動作時，大腦就會空出來了。這時，你的意識在放鬆休息，而你更深層的潛意識仍在工作。這就如同走路，我們並不會判斷要先跨出左腳還是右腳，因為我們的思維已經將這套過程內化，進入潛意識。正因為如此，我們可以一邊走路，一邊講電話，直到需要判斷方向的時候，身體才會自動停下來，這不需要耗費大腦多餘的「記憶體」。以我自己為例，除了清晨，我的靈感經常會在開車、洗澡和做家務的過程中出現，而且會有一種頓悟的感覺。因此，讓大腦休息，將腦力勞動轉變成體力勞動，也是一種滋養自己、讓自己放鬆的方式。

其實，大多數文學創作也是透過潛意識的流動完成的。許多作家的工作就是聆聽自己潛意識的聲音，將飄過腦海的思緒記錄下來，作品也就水到渠成了。讓潛意識流動，被我們看到並加以記錄，其中最關鍵的訣竅就是「動中禪」。

讓自己變成天空，接納想法與情緒

「動中禪」的練習，可以讓我們的心思在日常放鬆時得到調節。不知道大家有沒有這種感覺：當自己堅信某種想法的時候，會產生一些不必要的情緒。一個人沉浸於自己的想法而不自知，心理學將這種情況稱為「認知混淆」。人在認知混淆的狀態裡，身體和情緒會根據大腦裡的虛構情境變化，而不是根據現實情境做出反應。例如，我現在身處於一個安全的環境，但是我可能會因為腦中幻想的情境而覺得心跳加快、呼吸緊張、肌肉緊繃並且體驗到不必要的焦慮，腦中的想法引發我們的情緒變化，造成身體的緊張。此時我們要做的就是與這個想法保持距離，這個過程就稱為「認知脫鉤」。

我們的信念有些理性，有些非理性。但是，無論信念是否理性，請你在感受到壓力的時候，試著與自己的想法保持距離。無論是何種想法，如果過度執著，我們都會被這個想法牽著走，認知脫鉤就是把腦中的想法放在一邊，重新回到現實世界。

當你覺察到自己又被某個想法困住時，建議你採取一個可愛的方法，為這個想法命名，讓想法具體浮現出來。例如，你注意到此刻自己又在擔心孩子的課業成績，擔心孩子不用功，你可以試著把這個想法用生日快樂歌的旋律唱出來，或者把想法寫在葉子上，讓葉子隨風飄遠。我們都知道，擔心是最沒用的方法，只會越想越擔心，不如讓這個沒用的想法遠離我們。

寫到這裡，你是否體會到「接納」的感覺？不知道你是如何理解「接納」，心理學的接納也許和你過往的認知不太一樣。**接納是我們願意面對和接受事物此刻原本的面貌。真正的接納是看著情緒和想法產生、發展與消失。**當發生狀況時，我們會習慣與之對抗，但是當我們越想消滅它，它的力量反而越強大。例如「我不想再痛苦了」這樣一個想法，只會讓你感受到更多痛苦，與其花時間對抗，不如放下這個想法，投入現實生活，我們不必把這個想法當作敵人，只需要把它當作同行的路人。接納就是我們允許自己有痛苦的情緒和想法。

我經常遇到許多前來諮商的當事人，明明還沒接受過正式診斷，就言之鑿鑿說自己得了憂鬱症。一旦這個人有「我得了憂鬱症」的想法之後，就會不斷確認這個想法，然後被想法牽著鼻子走。憂鬱是真實的嗎？也許是真實的；憂鬱症是真實的嗎？也許也是真實的。但是，我們給自己貼上這樣的標籤，對自己有好處嗎？當憂鬱的情緒來訪時，我們不妨把它視作一片烏雲，但你自己並不是烏雲，你是烏雲背後的那片天空。天空完全可以接納與包容這些烏雲，任雲朵來來去去，自在舒卷。接納並非要你改變這些烏雲，而是單純地與之相處，順其自然。

練習——記錄自動化思考

這次的自由書寫，請捕捉自己自動化思考的方式。當你描述事件的過程時，請把情境A、信念B和結果C都呈現出來。當然，你也可以記錄幾項事件，記錄你自動化思考的過程。總之，這是一場對自己無意識思緒的記錄，現在就開始鍛鍊我們的大腦吧！

＊　＊　＊

範文——我的情緒ABC

文／agito

今天的練習感覺有點難度，我試著記錄了一下自己的自動化思考方式。

①情境（A）

就在剛剛媽媽回到家，我從小書房出來。她叫住我，問我有沒有時間，我想她可能是要問我什麼，或是想和我說什麼。

②信念（B）

我意識到她可能想以這個「藉口」對我說教（我的穿著、髮色、耳環等），或是又要說些讓我不舒服的事。然後，她想藉由這件事，把我拉進她的模式，也就是我小時候與爸媽相處時，那種控制與被控制的模式。所以我就說：「我現在還在上課，沒時間。」

③結果（C）

說完之後，媽媽果然說：「你老是說沒時間，好像天天都在忙。」我沒理她，以上課爲由回到房間。其實回想一下，也許她只是想問個普通的問題，不一定是我想的那樣。由於之前的經驗和我對她的判斷，我產生了一種反射模式。

我想，也許我也沒必要拒絕，但是反過來想，如果她眞的想問一個普通的問題，那她可能之後還會問。也許我的判斷還是比較準確，而且，就算這個信念是錯誤的，也可以防止我被拉回到一些不必要的行爲模式和情緒中，這也沒什麼不好。

＊＊＊

寫作指導——捕捉思緒過程

自由書寫是讓你回歸自由的一種方式。那些散亂而不成系統的思緒，請你原原本本地記錄下來。如果你不觀察那些思緒，那些思緒還是會不斷從你腦海裡跳出來。你只需要給自己五分鐘的時間，觀察這些思緒如何運作，將每一點都記錄下來，就可以慢慢藉由書寫整理自己。

捕捉自己的思緒過程，我們會發覺腦海裡有許多奇怪的句子。例如「我把大象的鼻子割下來放在冰箱。」這樣的句子看似毫無邏輯。但是，你不用思考這是不是你的潛意識，重要的只是記錄下來，不必追問為什麼。

一旦你掌握了這個方法，你就會寫到停不下來，發現自己的腦子裡原來有那麼多東西。這就如同靜坐或內觀，坐下來觀察大腦裡來來去去的念頭，好像你背後有一雙眼睛在觀察這些過程。我們要做的，就是把這些思緒過程記錄下來，這就是自由書寫的目的。

如果在書寫之後，你觀察到自己非理性的信念，那你就給這個信念做個標記，通常在記錄的過程，你自己就能想通一些問題了。不斷記錄的過程就像織布的過程，我們在不經意間捕捉到的潛意識素材，就是我們織成的布匹。

本書每個章節的內容都嚴格地按照療癒的程序進行，請你不要跳過任何一章，而是按照順序閱讀並完成練習。

步驟4 重新找回失去的感受

恭喜你，啟動自由書寫的能力之後，已經慢慢學會觀察自己的思緒。在細微的思緒當中，也許已經看到自己的「非理性信念」。在過去的人生中，這些非理性信念可能曾經害你誤事，不過也不用追悔，我們既然已經有所察覺，就可以改寫之後的人生。

療癒，是近年來非常流行的詞彙。療癒的基礎是什麼？首先，療癒必須要以「感受」為基礎。讓我們受傷的是感受，因此療癒必然要處理感受。但是問題來了，現代人普遍感受力不強，我們似乎需要抽離感受，才能好好回應外在的挑戰。

但是，壓抑或控制並不會讓感受消失，只會讓我們在意識層面與感受疏離，導致我們不定期做些連自己也難以理解的事情。以下內容就是要讓你在書寫中慢慢恢復感受力，將粗糙和遲鈍的感受力慢慢打磨細緻。

感受讓我們感覺活著

生活中，許多心理問題經常源於我們對自身感受的忽略或壓抑。這些被壓抑的感受會進入我們的潛意識，無法與我們的意識整合，卻又常常冒出來干擾我們的生活，這種衝突總是使我們備感痛苦。

來找我諮商的人，大多是因為親密關係或家庭出了問題。女性當事人提到最多的問題就是男性的「情緒截斷」，具體表現就是不解風情或不解人意。有些人抱怨，自己興沖沖換了造型，結果對方都沒有發現；有些人可能為了表現自己的賢慧，採買時總是滿足家裡所有成員的需要，唯獨沒有滿足自己的需求，之後又滿腹委屈地埋怨先生不體貼；有些人抱怨先生在家務上總是就事論事、講道理，不懂得體貼自己的感受，一點都「不暖」。

難道因為男性不懂感受，反而顯得女性過於重視感受了嗎？

也許的確如此，自古以來，雄性動物就被賦予先謀生、再求愛的使命。從原始人出門打獵到現代的戰爭，男性在競爭的環境已經習慣腎上腺素升高的緊張狀態。即使現代社會男性女性都需要為家庭外出奔波，但社會潛意識在一定程度上還是「男主外，女主內」，因此男性在大多數的「生存狀態」中，總是會壓抑或「截斷」感受，只有抽離出來，才能保持清醒狀態，並且在對戰中獲得勝利。但是人類的基本感受都是相通的，一個人的感受並不會因為壓抑或抽離而消失。如果一位靈動的女性喚起了男性內在柔軟的感受，甚至正好滿足對方心裡一直沒有被填滿的坑洞，這樣的組合便是如膠似漆了。

我所接觸到的女性當事人，只要再多問一些問題，就會發現她們基本上可以歸為兩類。一類本身就是情緒截斷的人，她們為了跟男性爭取同等的地位，自然而然把自己打造成男性的樣子，言談間很少觸及自己的感受。另一類女性則是感受能力很強，但由於過往的經驗，容易沉溺在負面情緒當中，表達的感受大多圍繞在委屈、抱怨或批判。當她們把濃烈的負面情緒投向原本相對壓抑的男性，男性就只好以否認、逃避或徹底抽離的方式來保護自己。然而，男性越逃，女性越追，不良的兩性互動就是這樣的。

你想過人活著的意義是什麼嗎？許多時候，我們活著的意義就是感受當下的每時每刻，這些感受讓你感覺到自己活著。也許我們已經不記得五歲之前發生的點點滴滴，但我們的身體仍然清晰記得當時的感受。

如何重新找回情緒與感受

心理學認為，那些未曾有機會表達的傷痛，可能會形成所謂的心理創傷。如果我們一直沒有正視這些創傷，這些感受就會在我們的生命中不斷作梗，讓痛苦不斷循環再現。**其實，痛苦每一次的循環再現都是一次嶄新的機會，讓我們藉由創傷找出那些壓抑的感受。**

在關係中發生衝突時，如果我們在觸發情緒的那一刻繼續探索，就會發現情緒底下隱藏的脆弱。例如，我辛苦煮了一桌的晚餐，結果另一半下班回家，邊吃邊抱怨工作，完全無視整桌的菜，更別說給予肯定或表達感謝。此時我內心湧出的感受就是委屈，覺得自己不受重視或被忽略了。

如果就此刻的感受繼續深入探索，還會發現更多成長過程中的傷痛。例如，為了獲得父母的關注，我一直努力做到最好，但似乎從來沒有贏得父母的關注，這個未被滿足的期待就成了我的心結。當相似的外在事件發生時，就會挑起我內在的心結，讓我心中冒出相似的感受。

大家常說「放下」、「接納」，這些話有道理嗎?這是真理，人只有不斷放下，才能持續前進。但是，如果你不知道自己手裡拿的是什麼，無法分辨珍寶或垃圾，甚至連手裡有沒有東西都不清楚，你可以放下或接納什麼呢?

打磨你的情緒粒度

現在最重要的就是重拾自己的感受。同時，我們要開始識別這些感受具體是什麼。我在諮商過程時，經常會問當事人：「現在你說這句話的時候，你的感受是什麼?」大多數人的回覆是：「我覺得很難過。」難過是感受嗎?的確是，但不夠敏銳深刻，也不夠具體。這樣模糊的感受無法作為自我療癒的切入點，因為難過可能代表委屈、痛苦、沮喪、不安，還可能是這些情緒的綜合體。

這裡要提出一個非常重要的概念：情緒粒度。

情緒粒度指的是一個人分辨並識別自己具體感受的能力。情緒粒度的高（細緻）

或低（粗糙），直接影響我們管理與回應情緒的能力高低。情緒粒度高的人更能夠分辨並表達自己的情緒，也更能夠掌控與管理自己的情緒，能和情緒做朋友，不容易受情緒控制。**提高情緒粒度，就能直接提高應對負面情緒的能力。**我們可以藉由持續地自由書寫，提升自己的感受力。

情緒粒度包括兩個部分：一是感受，情緒粒度高的人能細緻入微地感受自己的情緒；**二是表達，**情緒粒度高的人有了某種感受的時候，無論是新的感受，或是曾在記憶中出現的感受，他們都能用準確的詞彙與良好的表達技巧來形容這種情緒。自由書寫就是在做這兩件事情。

有些人在生活中經常覺得心情很糟，或者感覺難受，卻不知道自己當下的感受究竟是什麼，因此更容易受到情緒控制。神經科學研究顯示，人的大腦會根據過去的經驗，來決定如何應對之後受到的刺激，久而久之，大腦就形成了每個人獨特的一套生理警示系統。有些人害怕小貓小狗，可能因為小時候被一隻毛茸茸的小鴨子咬過。因此，如果我們不加以分辨，這些感受就是一團渾沌，在我們的生命中反覆作祟。

情緒粒度的高低，直接影響這套警示系統的效率。如果你對情緒的感覺是籠統而含糊，如：感覺很糟、心情很差，那麼每次感覺「不好」的時候，你都會產生負面的身心反應。這是一種重複的消耗，因為你總是不知道要如何解決。有些人只是簡單將這些情緒全部壓抑、抽離出來，這些未被處理的情緒只好在心底默默發酵。有些人則選擇粗暴地對抗，讓自己處於對所有負面情緒過分警覺的狀態。這兩種情形，都是無法精細應對負面情緒的結果，因此，這些人總是反覆被自己的情緒傷害。

美國心理學家詹姆斯．羅素曾經將二十八種正負面情緒依照強弱與愉悅程度，將各種情緒繪製成座標圖。依據這樣的概念，我們可以從兩個維度來辨識並鍛鍊自己對情緒的敏感度，讓自己的情緒粒度更細緻。一個維度是情緒強度（喚起程度），表示這種情緒讓人「有感」或「無感」；例如「驚慌」就是比「疲倦」讓人更有感的情緒，因此情緒強度較強。另一個維度是愉悅程度，是指面對刺激時所產生的情緒是愉快的，還是不愉快的。

舉例來說，興奮是情緒強度高而且愉悅的感受；憤怒就是情緒強度高但不愉悅的感受；無聊是情緒強度與愉悅度都不高的感受；滿足則是讓人非常愉悅，但情緒強度不高的感受（如圖1）。

【圖1 情緒維度座標圖】

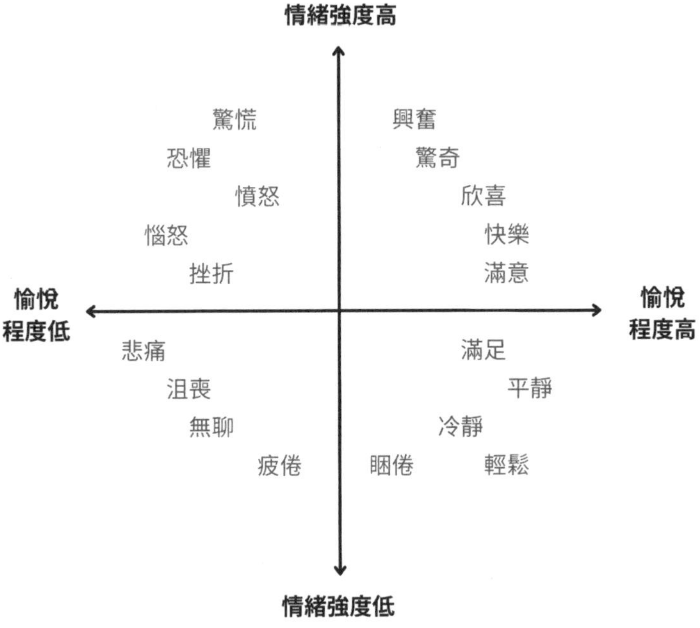
情緒強度高
驚慌
興奮
恐懼
驚奇
憤怒
欣喜
惱怒
快樂
挫折
滿意
愉悅
程度低
愉悅
程度高
悲痛
滿足
沮喪
平靜
無聊
冷靜
疲倦
睏倦
輕鬆
情緒強度低

我們一開始書寫的時候，也可以用這兩個維度協助自己體會情緒：當時的感受是什麼，愉悅嗎？情緒強度高嗎？你可以慢慢地體會，並為感受命名。為此，我們需要更多練習，才能在每一種感受出現的時候捕捉到它，說出它的名字，而不是放任情緒蔓延。唯有如此，我們才能將情緒化為朋友。

感受不只是心理療癒的重要突破口，同時也是寫作的核心，許多人尋求心理層面的協助就是為了處理強烈的情緒反應。如果你能在作品中展現大量的情緒，你的作品將有非常大的張力，因此，好的作品就是感受的記錄。

尋找感受的刻意練習

只要開始自由書寫，就會湧現各種情緒，感受會變得活躍而強烈，有時難以壓抑，甚至令人痛哭失聲。療癒書寫不但需要你捕捉自己的各種感受，更需要細膩而具體地將感受表達出來，越細膩越好。

有許多經常出現的情緒（如憤怒）屬於情緒強度高但不愉悅的感受，非常容易讓人爆發。不過，生活中也有許多人習慣壓抑憤怒，例如有人問你是否生氣時，你可能會回：「我沒有生氣啊，你想太多了！」雖然你當下否認了，但是也有可能因為壓抑久了，自己都不知道自己在生氣。當然，憤怒也可能會被過度表達，例如當你發覺自己在生氣，隨後又為自己在生氣感到生氣。憤怒情緒轉向內在，形成了自我攻擊，反而對自己造成更大的傷害。

其實憤怒是很正常的情緒。人在遇到危險時，尤其是被他人侵犯時，**憤怒會激發我們自我保護的力量**。對於寫作者而言，憤怒也是股強大的力量，可以推動書寫，為你指引出路；憤怒也是你的合作夥伴，告訴你有些事情不能忍受，提醒你該做出改變。有許多方式能夠抒發憤怒，你可以釋出身體的能量，直接釋放你的憤怒，也可以把憤怒訴諸文字。

還有一種非常深層的情緒，情緒強度高但非常不愉悅，對我們的人生影響重大，那就是羞愧感。在書寫過程中，有時會引發羞愧感，甚至多次體驗到羞愧感。例如，你可能會想：「我寫得這麼差勁，別人會不會嘲笑我？」

我在諮商過程發現，羞愧感通常藏得很深，表面上也許是用憤怒加以偽裝，但細細探究，便會觸碰到底層的羞愧感。這樣的羞愧感並非一朝一夕造成的，**我們的核心**

情緒，經常源自於童年時期。例如，吸引父母關注是孩子的原始本能，如果弄巧成拙，被父母認為是調皮搗蛋或惡作劇，父母憤怒或冷漠的應對就會讓孩子認為自己不值得讚賞，轉而產生羞愧感。如果當眾受到責備或懲罰，羞愧的情緒強度就更高了。

我們很容易會有羞愧感，但也很容易忽略羞愧感。羞愧感對我們影響極深，如果我們人生的基調是羞愧感，就會事事瞻前顧後，難以行動。因為羞愧感就像一個泥沼，讓陷入其中的人動彈不得，也不敢為自己努力爭取。

當你越常喚起內心的感受，讓你的筆尖自然流露、充分表達每一種情緒，你就越能體會到自己的情緒起伏漸漸趨緩，感受也會更加敏銳。但是，千萬不要認為只要自由書寫幾天，你就與世無爭、將一切看得雲淡風輕了。你的感受仍然會反覆重現，書寫過程不是從A點出發到達B點，而是從原點出發又不斷折回原點，而這個原點，往往就是你的核心情緒。

許多作家一輩子都在寫自己，每部作品在一定程度上都是作家個人的自傳。他在寫什麼？他在寫他的核心情緒，換句話說，就是他的心理創傷。

心理學家艾瑞克．艾瑞克森定義心理創傷是指「影響當事人一生發展的事物，例如一個人受到非常突然、強烈或奇怪的刺激，因此引發了重複性的刻板行為。在當時不只無法化解，更是無法排出也無法吸收的異物，因此時常會從生命的一個階段保留到另一個階段。」這樣看起來，心理創傷是不是就如同「強迫性重複」？

真正的寫作是從痛苦出發。作品是從作家的痛苦中開出的花，有哪位作家是因為太快樂而寫作？作家總是從自身殘破的經歷中，領悟生命的偉大。每一位作家都是在不斷書寫的過程中，讓傷口開出鮮花來療癒自己。

經由「六感」辨識情緒

對於大多數沒有接觸過心理學的人而言，找回自己的感受確實需要一點時間，更何況是用書寫的方式來記錄感受。但我要告訴你的是，感受是我們內在需求的訊號，每個感受都有自己獨特的功能與價值。有些感受能夠在人類漫長的演化過程保留下來，正是由於那些感受是人類祖先得以在各種複雜環境中生存下來的防護罩。舉例而言，恐懼提醒我們有危險，讓人提高警覺；孤獨提醒我們需要親密的人際關係；悲傷提醒我們失去了重要的人事物；憤怒提醒我們受到不公平對待時，需要捍衛自己的界線。

每一種情緒都是一個訊號，都有其正面意義。因此，為自己當下的情緒命名是一項非常重要的能力。情緒需要被看見，經由書寫來為情緒命名，然後接受情緒，情緒就會慢慢地消失。皮克斯動畫片《腦筋急轉彎》詳細展現出人類一部分的基本情緒，以深入淺出的方式協助觀眾為情緒命名。藉由持續書寫記錄自己的情緒，我們就會提高對情緒的敏感度，在情緒產生的第一時間就能知道當下的情緒為何。我們在記錄情緒的同時也完成命名，當我們對情緒的描述越精準，我們對情緒粒度的體驗就越細膩。

如果喚起情緒對你而言還是有些難度，我再分享一個方法，就是經由「六感」來提高對情緒的感受力。「六感」是指「眼、耳、鼻、舌、身、意」，**也就是視覺、聽覺、嗅覺、味覺、觸覺和心裡的感覺**。在生活中以「六感」感受周圍的世界，把注意力放在各個感官上，我們可能會發現自己錯過了許多美好的瞬間。以味覺為例，請認真地享受一日三餐。平常我們可能在吃飯時滑手機、看電視。現在，請你試著放下手機、關掉電視，把注意力集中在吃飯這件事情上，觀察食物的色澤與形狀，聞一聞食物的香氣，食物入口之後，放慢咀嚼速度，仔細感受食物的口感、溫度、味道，你會發現自己對眼前的食物有了不同以往的感受。

這時，我們的行為就類似「動中禪」，認真感受自己在做的事，投入當下。當然，你也可以把這一刻記錄下來。你今天品嘗到什麼食物？當你在飲用一杯溫熱的咖啡，品嘗味道的同時，是否留意到自己如何啜飲咖啡？咖啡如何進入口腔？帶給你何種情緒感受？讓你產生什麼樣的聯想？這些你都可以記錄下來，這樣的記錄過程，會讓你在下次品嘗食物的時候放慢速度並且用心體會。

再以觸覺為例，皮膚的接觸會促使人類產生更多的催產素，而催產素可以讓我們與他人建立連結，體驗人與人之間的關係所帶來的幸福感。曾有一項研究調查了三十萬人後發現，最有可能降低死亡率的因素就是高品質的社交活動。因此，我們在跟人聊天的過程中可以認真看著對方，觀察對方說話時的神情變化，感受對方的情緒起伏，甚至可以試著用一些肢體動作（如擁抱）表達對對方的喜愛。這樣更能增強與人互動所帶來的愉悅感。

氣味非常容易讓我們連結回憶。由於氣味從鼻腔進入，直通大腦，是所有的感覺中唯一不經過情緒中樞的。當你聞到薰香的味道時，你的大腦不用反應這是什麼味道，就能直接感受到放鬆；當你聞到烤地瓜的香氣時，也能直接想起窯烤地瓜的場景。

情緒連同當時混雜的各種感受都儲存在我們的記憶當中。曾經有一位當事人提到，自己非常不喜歡洗碗精的味道，但他根本不知道原因是為什麼。直到有一天，他想起母親在世時總是一邊洗碗一邊數落他。雖然如今物是人非，當時的記憶已經模糊，但不好的感受卻伴隨著洗碗精的味道，一直存在於他的記憶。於是，一聞到洗碗精的味道，就會讓他感到厭煩。

用心地體會「六感」，並在書寫的過程盡量記錄下來，那麼，你對情緒的感受力就會越來越強、越來越敏銳。這種情緒感受力，對於進行下一個階段的探索十分重要。

練習——兩分鐘感受

請你盡可能使用豐富而細膩的語言，描寫自己在這兩分鐘內的感受。你可以參考圖1情緒維度座標圖，體會不同感受的愉悅程度和情緒強度（喚起程度）。兩分鐘的時間並不短，即使你不知道自己的感受是什麼，或是描述這些感受有困難，也請盡力嘗試。

＊　＊　＊

範文——媽媽，讓我覺得悲傷的兩個字

文／小米

我時常覺得悲傷，因爲總是有人提及媽媽。聽到「媽媽」這兩個字，我的喉嚨就會哽咽，眼睛乾澀，胸口沉悶。接著，我的腦中會浮現媽媽生病後楚楚可憐

的樣子，媽媽悠悠地望著我的樣子，媽媽欣慰地說我漂亮的樣子。我會想起媽媽沒生病之前，問我「想吃什麼味道的抄手」那清脆的聲音。寫到這裡，冰冷的淚水順著臉頰滑落，我有點看不清手機螢幕，但手指卻停不下來。我想聽聽媽媽的聲音，可是聽不到了，唯一留下的語音通話錄音檔，也因爲手機儲存空間不足而沒有了。我覺得胃裡灼熱，好像脹氣。我怪自己沒做好備份，以爲手機不換就沒事，我眞是愚蠢至極。我知道我在自責，在對自己生氣，沒保護好跟媽媽聊天的錄音檔，讓我感到挫敗和沮喪。我甚至想給自己一個耳光，順帶說一句：「你自找的。活該。」此時，我覺得心灰意冷，有些疲憊。我日日夜夜爲失去媽媽而鬱鬱寡歡，我不想再繼續這樣的生活，我想走出來。我得想想，應該把媽媽放在哪個位置，讓我不至於過度悲傷，也不至於忘了她的樣子。

＊＊＊

寫作指導——捕捉感受，同理自己

希望你在閱讀本章的內容，做完練習之後，對於捕捉感受的能力越來越敏銳。無論是面對諮商師、朋友或伴侶，你都可以精準地表達自己的感受。例如，你可以說：「我現在覺得不舒服，這個感受是恐懼。」甚至你可以繼續描述：「我現在覺得自己整個身體都僵住了，好像我獨自一人被鎖在一間黑色的小屋裡。」

寫作的基礎就是精準表達某種不舒服的感受，甚至可以具體描繪出來。有的作家在描述心理活動時，可能只是一分鐘的事情，卻可以寫出一兩頁的篇幅，讓人有身臨其境的感受，不自覺就受到吸引而繼續閱讀下去。

學會細膩地表達感受，你就會更有同理心。記得一次諮商的時候，當事人向我描述他母親對他做的事情。說完之後，我回覆：「聽到你說這些話，我有種感覺，好像自己被鎖進一個黑色箱子裡，然後在一個漆黑的夜裡，箱子被扔進大海，四處漂泊。」語畢，這位當事人一邊點頭，一邊痛哭。

其實，人類的基本感受都是相通的，當你使用足夠細膩的語言將感受描繪出來時，你甚至不用說出具體的情緒詞彙，只是打個比方，對方就能夠有所共鳴、感同身受。

巴布．狄倫曾經說過：「有的人能感受到雨點，而有的人只是被淋濕。」如果你的感受不是那麼敏銳，你可以做一些刻意練習。

例如，冬天氣候比較冷，你可以書寫關於冷的感覺。當風颳在你身上時，是什麼感覺？寒風吹過你的額頭、鼻子，甚至灌進喉嚨，有什麼不一樣的感受？這種感受讓你聯想到什麼？

有許多事物可以書寫，細膩地書寫，使我們更能體察內心感受，讓我們學會如何感受世界，享受每一個當下。

步驟5 分析並整理核心情緒

恢復感受力並不容易，將粗糙的感受細膩化，就像在一攤泥水中淘出閃光的金子。對於長期與自己的感受失聯的人而言，這一步比較辛苦。

如果你已經能夠細膩地描繪感受，接下來要進行的步驟，就是書寫能否達到精準療癒的重要關鍵。你需要把從泥水淘出的金子加以分類，挑選出純度最高的金子。請你在閱讀完本章之後，將之前的內容連續重讀一遍，也可以在這一章的練習停留二、三天，給自己一些時間，好好消化並吸收相關的內容。

從身體感覺找回遺失的感受

以前我對身心相互影響的體會並不深刻，直到二〇一八年的某一天，我接到哥哥的電話，告訴我母親住進了加護病房，當時我整個人都傻了。雖然母親數十年來都處於小病不斷的狀態，但怎麼也想不到突然會這麼嚴重。哥哥在電話中告訴我，母親這段時間偶爾會心臟不舒服，但一直沒跟家人說，直到忍無可忍才請哥哥帶他去醫院。這次哥哥趕到父母家時，母親已經癱倒在沙發上無法動彈，但送醫之後，各項檢查結果都顯示正常，醫生查不出原因，只好要求母親住院觀察，而在幾小時之後，母親再次發病住進加護病房。

當我坐飛機趕回去時，母親已經從加護病房出來，身體已經開始恢復，各項檢查結果也都正常，這讓我非常不解。母親的心臟內科主治醫師得知我是諮商心理師便告訴我，雖然母親的各項檢查結果都在正常範圍，但根據母親的描述，母親在發病時會有瀕死感並且四肢無力，他懷疑是由心理問題引發的恐慌症。當醫師說出「恐慌症」的時候，我恍然大悟。

母親發病前一個月，曾經和父親大吵一架，原因是父親瞞著她炒股虧了一筆錢。母親向我抱怨的時候，我沒有正視這件事情，後來只聽說母親睡不好。其實，我和哥哥都沒有意識到這件事帶給母親的打擊。後來，我與母親聊天才知道，她在意的不是股票虧損的錢，而是父親刻意隱瞞的行為，這讓她非常氣憤和傷心，感覺自己不被信任、不被認可，新仇舊恨湧上心頭，使她無法入睡。沒有被理解的情緒加上失眠的影響，母親因此進入焦慮和憂鬱的狀態，最後導致了恐慌症。

醫師跟我提到，當時在綜合醫院的初診病人當中，有將近三分之一的患者的身體疾病都與心理因素密切相關。許多患者把身體不適當作疾病治療。例如，在心臟內科就診的年長者，可能七成都有心因性憂鬱症。因此，部分醫院會在精神科和心臟科外又成立新的「身心科」門診。

就像我的母親一樣，身體疾病是假象，真正的根源是心靈的傷痛。已故的美國心理學家露易絲·賀在《創造生命的奇蹟》書中所說：「是我們自己創造了我們稱之為疾病的東西。身體，就像生活中的其他東西一樣，是你內在思想和信念的反映。如果我們經常抽出時間聆聽，就會發現身體經常在和我們說話。你身上的每一個細胞都會對你頭腦裡的所思所想，對你說的每句話做出反應。」

如前面提到「動中禪」，你是否在練習的過程中，感受到自己對身體的覺知更敏銳了？當然，我個人認為露易絲最大的貢獻，是將心理對身體的影響列出對應關係。例如，他在書中提到，偏頭痛是因為力求完美，給自己太大的壓力；禿頭是持續緊張，頭皮得不到休息；哮喘被稱為「窒息的愛」，代表受到限制，沒有自由的成長空間。最有意思的是，我的父親在母親生病的前一年當中反覆皮膚炎發作，看過各種醫生、吃各種藥都沒有改善，直到他把背著母親炒股的事全盤托出之後，皮膚炎莫名就消失了。根據露易絲在書中的解讀，皮膚炎代表說不出的祕密。因此，我常跟父母開玩笑，說他們是以自己的生命故事向我證實心理學的偉大。

身體層面的種種問題，與書寫有什麼關係呢？

有些人在進行長期的精神分析時會出現退化現象，將自己小時候生過的病再經歷一遍，經歷這麼一遭之後，你會發現自己的體質和從前完全不一樣了（當然，這在深度的精神分析中才會出現）。書寫能不能達到這個效果，取決於每個人在這趟向內的旅程中能走多深。我自己比較明顯的體會是，有一陣子我無來由地發胖，當時我並沒有在書寫中聯想到這個現象，過了一年之後，我再回想這段經歷，把我那時寫的內容翻出來看，才發現人生中這類身體症狀發生在青春期，而我那段時間主要寫的就是關於自尊和自我價值。也許是青春期的挫折經驗，讓我的身體不自覺地發胖，藉此維護虛假的自我。只要重新觸及相似議題，同樣的身體症狀就會再現。

因此，身體的症狀正是你對自己書寫內容的反應。這種現象是這個階段特有的反應，你壓抑在潛意識當中不願觸碰的傷痛，將伴隨著自由書寫逐漸呈現出來，而且可能像我一樣，身體症狀對應某個生命階段的相似議題。身體誠實地保存了童年的記憶，當下你的感受就像一個管道，經由這個管道，記憶可以穿越時空回到從前的某個時刻。例如，聞到梔子花香，就會想起在梔子花下一起玩跳高的兒時玩伴。

許多人都曾提到，自己的創意與靈感，經常都是在洗澡時想出來的，我自己在「動中禪」的體會也是如此。有時候我寫不下去時，就會去洗個熱水澡，當熱水從頭頂沖下的時候，經常會使我豁然開朗，彷彿注入了靈感一般。不知道是不是因為身體被溫水沖淋時，就像浸泡在子宮羊水中的狀態，讓我回到最原始、最舒適、最放鬆的狀態。

因此，書寫一方面可能會喚起相似的身體感受。這些通向你過往經歷的感受，可以透過書寫釋放出來；另一方面，書寫能夠讓身體得到放鬆，帶來靈感，也讓人體會「動中禪」的美妙。

歸納核心情緒

我們一直忙於應付外在世界，許多時候會忽略心理感受，也忽略了身體感受。書寫讓我們穿越回童年記憶，重新理解自己的身體感受與我們寫下的文字之間的關係，讓你更加理解自己。總之，身體感受是一個管道，比你想像的還要忠誠。**身體就像我們的記憶體，我們不但可以藉由身體感受回憶過去，也可以透過身體感受獲得對自己未來的期許。**

你可以回顧自己已經完成的自由書寫文稿，這些看似不成邏輯且凌亂的內容，是否能梳理出一些東西？你捕捉到自己遇到事件的想法與感受了嗎？你梳理出自己反覆出現的感受了嗎？當這些感受出現的時候，你的身體伴隨著什麼樣的訊號呢？

如果你將想法、感受與身體結合在一起，會有什麼發現？你找到那段回憶了嗎？那段回憶帶給你什麼樣的身體感受？那段回憶又是如何與你當下的想法連結在一起？

有一段時間我堅持書寫，早上起床的時候都覺得肩頸很痛，但我一直沒當回事。後來我去花蓮旅遊，在當地一個民宿，早上起床時，整個人像是被一股強大的地心引力硬生生地拉住，整個肩頸和背部都無法動彈，脖子也不能轉動。家人立即把我送去就醫，醫師說我的頸椎出了嚴重的問題，他摸著我的脖子說：「你每天打電腦的時間很長吧？這兩塊肌肉都已經僵硬了。」當時的診斷是過度疲勞，原因是我打字時間太長，用電腦的時間太久。

旅行結束回到家之後，我休息了幾天又開始書寫。某天下午，我趕稿時突然發現自己有個無意識的習慣——聳肩。我感受當下自己的狀態，再連結到此刻僵硬的肩頸，我突然理解了：當我感受到肩頸痠痛時，我正急於完成稿件，我意識到我很努力在做這件事。其實，真正使我肩頸痠痛，甚至緊繃到頸椎出問題的原因未必是疲勞，而是在那個當下我有多努力。當我努力達成內心某個期待，或希望拿出某項成果時，就會不自覺地聳肩。於是我放鬆下來，仔細感受自己的肩頸，回憶便一下子湧現。

這個姿勢其實已經跟著我數十年了，國中開始我就有聳肩的習慣。那時的我開始意識到，自己是最有希望光宗耀祖的孩子，因為我哥哥被父母的挫折教育打倒了，我成了那個不得不站出來、承擔父母期望的人。聳肩就是從那時延續下來無意識的身體習慣。之後，每當遇到重要的緊急時刻，尤其是可以證明自我價值的時刻（如工作簡報、演講或是在諮商室幫助他人），深埋在潛意識裡的信念便會使我無意識地聳肩。

我的身體一直默默記錄著我一路走來的努力。寫到這裡，竟然感到一絲酸楚。我真的需要讓自己好好放鬆一下，告訴內心那個需要被認可的自己，是時候卸下這些重任了——那些不需要承擔的家族責任——別再一肩攬起了。

身體是一條管道，不僅將我們經歷的傷痛清晰地記錄下來，也讓我們的傷痛得以重現。透過感受重現信念，你就有機會與更深的自己相遇。

練習——在回憶中連結自己

請你將這幾天的自由書寫整理一下，分析那些重複出現的想法、心理和身體的感受，你有沒有發現什麼規律？你找到那段回憶了嗎？那段回憶帶給你什麼樣的身體感受？它又是如何與你當下的想法連結在一起？請你盡情地將這些寫下來。

＊　＊　＊

範文——面對指責的另一種姿態

文／閃閃

越來越慶幸參加了周老師的療癒書寫課，這對善於用文字表達自己的我，無疑是一帖良藥。

整理了一下這幾天寫的內容，我發現最常出現的想法是擔心自己做得不夠好，擔心自己因爲做得不夠好而被拋棄、否定、指責。

說到身體感受，先來個小插曲。記得大約十二歲的時候，我經常頭痛，痛到需要撞牆來緩解，我接受過許多檢查，都說沒有問題，只是打針、吃藥也緩解不了。爸爸甚至帶我去做頭部電腦斷層掃描，結果顯示一切正常。最後，到藥局買個止痛藥吃，吃完我就好了。

今天聽老師說，偏頭痛是追求完美的人給自己太大的壓力造成的。現在回想起來，我那時候面臨升學壓力，加上媽媽要求我凡事都要做到最好，才導致頭痛。我也恍然大悟，爲什麼那時頭痛了那麼久，做了那麼多治療都沒有用，最後只是吃了藥局買的止痛藥就好了，其實這是心理原因導致的頭痛，眞是爲那時的自己感到心疼。

今天公司大掃除，我負責打掃辦公室的廁所。掃完之後，負責檢查的主管過來了，他看一看廁所，什麼話都沒說，就開始重新打掃。在這過程中，我不停地聽到他嘆氣，還有他製造的各種乒乒乓乓的聲音。他所做的一切，在我看來都是對我的否定。這時我開始慌張、心煩意亂，整個人很煩躁，心跳加速、呼吸急促，隨時準備挨罵。我腦海中有一個聲音：「你看看你，什麼都做不好，一點都不俐落，太差勁了，眞沒用。」這就是小時候我被媽媽斥責的場景啊！如果還是小時候的我，大概會自己悄悄躲得遠遠的，盡量不發出聲音，免得招來更嚴厲的責罵。

想到這裡，我想不能再這樣，得讓主管知道自己是因爲工作太多，才無法做到他要求的「五星級標準」。不過，我轉念又一想，他是主管，我還是選擇理解他，他也不簡單，這麼用力地打掃，他這麼做不就是想要得到認可，證明自己很厲害嘛！

說做就做，我起身走到廁所門口，看到裡面乾淨整潔的樣子，由衷地誇了一句：「廁所這麼一掃還眞乾淨，洗手臺都像新的一樣，您眞是厲害！」說完這句話，緊張、心煩、煩躁的感覺都消失了，取而代之的是一種神清氣爽、充滿力量的感覺。

這一刻，我覺得自己長大了，相信再遇到被指責、被否定的時候，我會更有力量面對。

＊　＊　＊

寫作指導——藉由身體，回憶感受

本章主要是藉由身體幫助我們回憶感受。身體跟大腦一樣，也會留下學習的記憶。例如小時候學鋼琴時，大腦會告訴肌肉以特定的方式揮動指尖，肌肉受過訓練後，就會把結果回饋給大腦，這是一個從大腦到肌肉，再從肌肉到大腦的反饋迴路。情緒的學習也是如此。當我們經歷某種體驗的時候，資訊進入我們的大腦，受刺激的腦細胞就會相互連結，將不同的元素匯集在一起形成記憶。因此，你聽到一首歌會想起老朋友，聞到一種花香會想起小時候和鄰居一起玩耍的場景。從神經科學的角度看，過去與現在的融合是因為新舊腦細胞網路同時受到刺激。

每個重要的記憶都由四個要件組成：

①我們感受到的情緒

②身體內被喚醒的感覺

③經由記憶的補充，在腦海中重現的影像或畫面

④體驗帶給我們關於自己的信念，也就是核心的自我意識

想要找回「曾經的感受」，可以藉由其中一個要件喚醒我們的感受。

許多人在這個階段中回饋「身體沒有什麼感覺」，遇到這種情況，除了運用之前提到的「動中禪」，以放鬆而緩慢的心態體驗外在世界，還可以從身體層面尋找自己的感覺，這裡最重要的關鍵就是「慢」。我們每天都十分忙碌，很少有機會體驗「慢」的過程，許多人第一次冥想或內觀的時候，都是匆匆忙忙的狀態。

想要觀察自己的身體感覺，就必須讓自己慢下來。有個很好的方法是腹式呼吸。腹式呼吸可以讓人有效地鎮定下來，慢下來的時候，你會開始意識到自己身

體內部發生的變化。當你正在經歷不舒服的感受時，保持腹式呼吸非常重要，這樣能夠讓你更容易連結當下的身體感覺。

首先，你可以由鼻子慢慢地、深深地吸氣，想像把空氣吸飽到腹部下方，直到感覺肚子鼓起來。你可以試著把手放在腹部感覺起伏，吸氣時，肚子向外鼓。當吸入的空氣完全佔滿你的腹部後，閉住氣，停頓一下，然後噘嘴，緩緩用嘴呼出所有氣體。在這個過程中，呼氣的時間約為吸氣的兩倍。呼吸的時候，想像自己的身體處於軟綿無力的狀態，並且將這個呼吸過程重複三到五次。

經過多次腹式呼吸的練習之後，我們會更容易進入自己的內在世界。此時再感受自己的情緒，可能會發現你對於分辨情緒的喚起程度與愉悅程度都會更加敏銳。腹式呼吸幫助我們放鬆神經系統、紓解壓力和焦慮，使心靈恢復平靜。焦慮其實是一種抑制情緒（我們下一章會提到），當我們感受到焦慮、羞愧或內疚時，可以多做腹式呼吸，讓自己放鬆下來之後，再慢慢地尋找核心情緒，探索情緒的根源。

步驟6 辨識並確認核心情緒

生命中反覆出現的情緒，經過我們一番歸納、整理、找出核心情緒之後，就有機會找到感受的始作俑者。對我們而言，這就是泥水中純度最高、最閃亮的金子。

本章因涉及情緒創傷，我會引入情緒治療的專業理論。當你能細膩地讀懂自己的情緒，就會發現每一種情緒都會指向你的核心情緒，而核心情緒就是我們人生中遭遇的情緒創傷。

我們都知道要處理情緒、療癒自己，但如果你連自己的情緒是什麼都不知道，根本就無從下手。本書從一開始到這裡，正是協助你將心中的毛線球不斷理出線頭來。如果你跟著書中內容一路閱讀與練習，恭喜你，目前為止，你已經非常接近核心答案了。

困擾你的情緒未必是核心情緒

人生難免經歷痛苦，許多時候我們不知道如何有效處理自己的感受。為了讓生活繼續下去，我們經常選擇迴避、忽略自己的情感需求。這是人類大腦不可思議的能力，因為我們需要工作，需要養家，需要獲得安身之所，更需要滿足其他的基本需求；各式各樣的防禦機制，則是讓我們能夠生活下去的因應策略。然而，壓抑情緒會損害身心健康，長期下來也會引發各種身心症狀，如：心臟病、頭痛、失眠、免疫力下降等等，之後就會出現焦慮或憂鬱等情緒障礙。除此之外，家人的期待、生活的挑戰以及對成功的渴望，也會讓我們產生許多相互衝突的情緒。

例如，我沒有能力購買理想的房子，因此產生了挫折感。這種挫折感又會激發我的各種情緒，這些情緒可能並非單一存在，而是多種情緒的組合，其中包括悲傷、憤怒、羞愧、焦慮等等。這時，如果我們以習慣的防禦機制應對，情緒就會攪和在一起，令我們難以承受。我們小時候遭遇過的挫折，會直接影響我們現在的感受，即使你無法在意識層面意識到這兩者之間的關係。

危險發生時，有些人為了應對挑戰，會關閉自己的情緒通道，讓感受變得麻木，但是，這麼做就會與自身的感受失去連結。這是身體本能啟動的自我保護機制。最後，只剩下思緒和理性引導自己，久而久之就失去感受情緒的能力。因此，書寫的第一個階段，就是讓我們的感受復甦。

當然，有些人可能不是切斷自身與感受的連結，而是變得更容易被感受淹沒，反而需要花費大量的精力來應對自己的情緒，讓人感覺更加筋疲力盡。因此，比較理想的情況應該是，在情緒和思考之間建立平衡：我們需要體會自己的情緒，但又不會被感受壓垮，以至於傷害我們行動的能力；我們需要思考，但也不能思考太多，以至於忽略深刻而豐富的情緒感受，變得失去活力。

進行到這裡，相信你已經能漸漸透過自由書寫找到生命中反覆出現的信念、心理感受以及相對應的身體感受。反覆書寫的過程中，我們必然會一再被拉回感受之中。當那些曾經的苦難與痛楚一一浮現的時候，我們的情緒得以宣洩，雖然可以更加理解自己，但似乎仍然停留在感覺不好的狀態當中。

這裡的問題就是，即使我們一再重複書寫自己的焦慮，仍然無法緩解焦慮。因為焦慮是一種表層的情緒，這種情緒不夠「核心」，我們需要進一步找到焦慮的底層根源。因此，接下來的書寫要進入關鍵性的一步：找到我們的核心情緒。只有找到底層的核心情感，才能夠有效處理，內在才能發生正向的重要變化。

如果我們持續與核心情緒建立連結，就能有所感受，到達核心情緒時，甚至能感到輕鬆，不再焦慮和憂鬱。當我們與核心情緒深深連結的時候，就能恢復內心的寧靜，更有活力與自信。

核心情緒、抑制情緒及防禦機制

在此，我想特別介紹美國專業心理治療師希拉莉曾在《不只是憂鬱》一書中提到「情緒變化三角地帶」的概念。三角地帶的三個角落分別是：核心情緒、抑制情緒、防禦機制。

【圖2　情緒變化三角地帶】

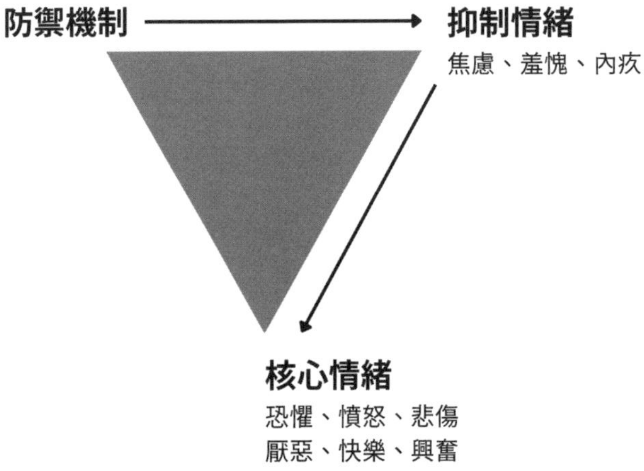
防禦機制
抑制情緒
焦慮、羞愧、內疚
核心情緒
恐懼、憤怒、悲傷
厭惡、快樂、興奮

「核心情緒」是我們與生俱來有生存意義的情緒，告訴我們想要和需要的、喜歡和不喜歡的。「抑制情緒」負責壓抑核心情緒，幫助我們和自己需要的群體和諧相處，維護人際關係，並且保持個人的修養和理性。抑制情緒還可以防止核心情緒淹沒我們，是一種使我們免受痛苦，避免被情緒擊垮的保護機制。

接下來，我們要更具體地解釋「情緒變化三角地帶」。

首先，核心情緒是天生的，是人類共通的情緒，而且不受意識控制。核心情緒往往會在受外界刺激時自行運作，推動我們立刻採取行動。我們通常是在接到核心情緒的訊號後，才會開始思考，但是，核心情緒的反應比思考更快，並且不能被忽略。因此，我們不能依賴理性思考的方式處理核心情緒，而必須經由實際的內心體驗來完成。

請記住，核心情緒包括恐懼、憤怒、悲傷、厭惡、快樂、興奮。

這些詞彙都是生理上的感覺，並且是我們在成長過程中，學會識別並予以命名的基本情緒。核心情緒還包括身體的衝動，這些衝動會引發反射行為。例如，你從冰箱裡拿出一瓶優酪乳，沒有檢查期限就喝下去，然後你突然感覺優酪乳變質了，此時，你會做何反應？你會立刻把優酪乳吐出來。我們可以看看這個過程是怎麼發生的。當味蕾接觸到有害物質的時候，會向大腦發出訊號，引發噁心（厭惡是核心情感之一）的感覺，於是產生嘔吐的身體反應。因此，每種核心情緒都有其特定的功能，幫助我們在當下得以生存。

抑制情緒則是壓抑核心情緒的特殊情緒。抑制情緒有三種，即焦慮、內疚和羞愧。在成長的過程，人的情緒需求都是希望在表達情緒時能夠獲得正向的回應。但是，父母可能會以憤怒、悲傷或漠不關心的態度回應小孩的需求。例如當男孩表現出悲傷時，父親卻說：「你要有男人的樣子！」當男孩表達自己的核心情緒被父親否定時，他就會認為悲傷是不被允許的，從而為自己感到羞愧，這就發展出了羞愧的抑制情緒。

遇到負面回應時，大腦會產生抑制情緒，也就是藉由對自己的情緒喊停，進一步制止自己表達情緒。這種制止核心情緒的模式，在我們成年後仍然不斷重現。就像剛才提到的男孩，如果他在之後的人生遇到相似的情景，羞愧的抑制情緒可能就會再次出現，除非他能表達自己最原始的核心情緒——悲傷。

最後就是防禦機制，這是一種保護機制，以免我們陷入不舒服的感覺。你可以試著回想自己在處理矛盾和衝突時採取了哪些方式，例如當我們無法面對某些情緒時，可能會開玩笑、含糊其辭、顧左右而言他、改變話題、避免目光接觸、自言自語或是保持沉默，甚至是以大笑掩飾，這些都是防禦機制。

當然，防禦機制並非一無是處。當我們需要從情緒中抽離片刻時，防禦機制非常有用，可以幫助我們平靜，緩解痛苦與不適。在理想情況下，我們只在需要的時候才會有意識地運用防禦，而不是習慣性地運用，更不是在所有的時間都運用。

以上就是「情緒變化三角地帶」。綜上所述，我們在書寫時一定要觸及自己的核心情緒，而不是在防禦或抑制情緒層面拚命表達。只有真正到達核心情緒，並充分理解這些核心情緒之後，我們才有可能著手處理，並將其轉化成正向的情緒。從神經科學的角度來看，將體驗轉化為言語，可以使大腦平靜下來。簡單地說就是，**我清楚知道是什麼讓我感到不安，所以我可以冷靜下來。**

練習——書寫核心情緒

在你重新檢視自由書寫時，請對應六種核心情緒（恐懼、憤怒、悲傷、厭惡、快樂、興奮），確認自己的感受是否也在其中。如果沒有，請再用心感受一下，你描述的感受背後是否藏了這些核心情緒？然後，請依循自由書寫的規則，不評判、不修改、不停筆，想到什麼寫什麼，把你重新發現的過程寫下來。

＊　＊　＊

範文——焦慮背後的核心情緒

文／Anty

每當我要表達自己的時候，就會覺得緊張、害怕，胸口有種沉重的壓迫感，心跳得很快，腦袋一片空白，思緒卡住，整個人也僵住。這些都是抑制情緒中的焦慮和焦慮引起的身體反應。

焦慮背後的核心情緒有恐懼、憤怒、悲傷和厭惡。

①恐懼

我擔心被指責說我反抗你們、不聽話、背叛你們、讓你們困擾。我好像一個罪人，你們把不滿都指向我，我承擔不起這麼沉重的責任。

我擔心你們否定我的想法，我就要面對眞相：我不好，而且是沒用的。我覺得內在很空虛，沒有獲得支持，我迷失了方向，非常迷惘。

反駁你們的時候，我很害怕讓你們不滿，讓你們有情緒，最後你們不理我，我就會變成一個人，無依無靠。我恐懼被你們拋棄。

②憤怒

爲什麼你們就是不相信我？難道我眞的這麼沒用嗎？又是我不好，又是我有問題。爲什麼你們就是不聽我的？我渴望得到你們的支持和認同。爲什麼你們只相信哥哥，不相信我？我很委屈，我很生氣。你們完全不聽我的，不重視我，你們覺得我是一個沒用的人。既然你們覺得我沒用，那我就沒用給你們看。我就是一個沒用的人，你們決定好了就告訴我怎麼做吧！你們說什麼我就做什麼，這樣你們滿意嗎？我現在變成這樣的人，就是你們害的。我就是不敢去處理問題，我就是不敢做決定，我才不想管。

③悲傷

當你們否定我的時候，我感到非常悲傷，我整個人都被你們否定，我更覺得自己沒用也沒有價值。我不被理解、不被看見，覺得自己很孤獨、很可憐，要自己一個人面對。

④厭惡

我討厭你們只考慮自己，不理解我，不重視也不尊重我。我討厭自己沒有勇氣，沒有能力面對你們。

我討厭自己退縮、逃避、沒用、無能！

＊　＊　＊

寫作指導——識別情緒變化三角地帶

核心情緒與驅動力都是自行運作的過程，推動我們立即採取行動，因此我們無法依靠思考來處理核心情緒（雖然這是我們慣用的方法），而必須依賴實際的內心體驗才能平復。你可以把核心情緒理解為生理感受，就像嘗到過期食物會產生厭惡的感覺。當我們與自己的核心情緒產生連結，就會感到輕鬆，不再焦慮和憂鬱。

抑制情緒是阻斷核心情緒的特殊情緒。為了可以好好與他人相處，有時我們必須壓抑核心情緒好與他人保持聯繫。例如，許多人不太能接受他人對自己的稱讚，如果有人對你說：「做得很好，太棒了！」你的第一感覺可能是羞愧或焦慮，因此對他人的誇獎感到無所適從。這很可能是當你小時候有好表現時，父母告訴你不要驕傲，甚至認為「這沒什麼了不起，還要再繼續努力。」當一個孩子很高興（注意：高興是核心情緒之一），父母卻告訴他：「你不能高興。」他的「高興」就被抑制了。

當我們的大腦判斷核心情緒不受歡迎，抑制情緒就會開始壓抑核心情緒的流露，引起肌肉緊張和呼吸抑制。透過經年累月的反覆「訓練」，我們便會下意識地認為核心情緒不受歡迎。成年後，當他人誇獎我們時，我們不會表現出高興，因為那是不被允許的，取而代之被喚起的，則是羞愧的抑制情緒。

我們可以把防禦解讀為一種保護機制，保護個體避免受到核心情緒與抑制情緒的困擾，並非所有的防禦都不好，有一些防禦對我們確實有所幫助。以我自己為例，當悲傷太過沉重時，我會努力集中精力處理其他事情，讓自己變得積極一點。這種抽離感受的防禦機制可以幫助我們有效地適應當下，不至於被痛苦的情緒淹沒。

在日常生活中，我們有許多防禦性的行為，如轉移話題、自言自語、批評對方以及批判自己等。有時，運動是為了讓心情變好，但是過度運動就是為了逃避痛苦的感受，此時運動就變成了一種防禦機制。防禦機制會讓我們不去觸碰自己真實的狀態，但是人如果長期與真實的狀態失聯，狀態就不可能真正有所改善。

我們在生活中經常感受到焦慮，焦慮就是抑制情緒，用來抑制悲傷或恐懼等核心情緒。為了避免焦慮，我們可能會做許多事情加以防禦。例如，我們報名各種課程但又沒有上課，這種行為其實就是防禦，防禦的是我們焦慮的狀態，抑制我們內心的恐懼，害怕自己不夠好，或者害怕自己不值得被愛。

我們在書寫的過程，最重要的就是找到核心情緒。如果在尋找的過程中遇到困難，有個簡便的方法，就是直接對應核心情緒一一自問：我憤怒嗎？我悲傷嗎？我快樂嗎？……然後，我們就可以為自己的核心情緒命名，並且盡可能仔細地描寫。

如此一來，這些在核心情緒上的憂鬱、焦慮終究會慢慢消散。

回顧篇

面對傷痛，開啟療癒之旅

如何判斷自己已經可以進入回顧篇，開始療癒情緒創傷？最簡單的標準就是，你已經在生活中多次驗證，某個核心情緒就是平時會反覆觸發的創傷。一般而言，每個人都有二到三種核心情緒，覺察之後，就可以準備進入療癒創傷的環節。

在回顧篇中，我會一路從成年期、青春期再到童年期，以倒敘的手法書寫，穿越時光隧道與過去的自己重逢。這幾個時期分別對應著人生各個階段，每個階段都有心理發展必須完成的主要任務，如果任務因創傷中斷，我們就得回到過去的那一刻，將傷痛書寫出來。

回顧過往　好好療癒核心情緒

在安全的環境下書寫，絕大部分的人會越寫越多。因為我們一旦感受到環境安全，而且能適度喚起相關的感受，潛意識的各種片段就會源源不斷地湧現。當然，如果在書寫中，你被激發出無法自制的感受，你也可以暫時停止書寫，讓自己雙腳著地，靜坐片刻，穩定自己的情緒，看著情緒流過自己的身體，平復後再將這份經歷寫下來。

找到故事線中的核心情緒

此時，我們要做的，就是穿透焦慮等抑制情緒，找到事件蘊含的核心情緒，再透過書寫精準療癒自己，這也是療癒書寫的精華所在。療癒的關鍵，就在自己是否精準地找到自己的核心情緒。

以我母親的恐慌症為例，如果用情緒變化三角地帶來分析，過程可能是這樣的：母親得知父親背著自己炒股賠錢後不敢坦白，挑起了我母親「不被認可」的核心信念。從母親的角度解讀，這個行為傳達的是「自己不被認可」的訊息，其實母親真正在意的是父親「不說真話」。當然，這是基於母親自己的成長經歷以及她與父親互動的經驗。而在我眼裡，父親就是害怕母親生氣而已。

而在挑起「不被認可」的信念之後，母親產生的核心情緒是憤怒與悲傷。但是，因為父親已經受到皮膚病的「懲罰」，加上所有人都勸母親不要把錢看得那麼重，勸她放寬心，因此她自然出現了抑制情緒。母親壓抑了悲傷，於是出現了嚴重的焦慮，甚至睡不著覺。而為了緩解這份焦慮（抑制情緒之一）、憤怒與悲傷，母親選擇了忽視的防禦機制，假裝這件事沒發生過，並且到處旅遊麻木自己。最後，無論是防禦機制還是抑制情緒，都沒有讓母親充分表達憤怒的情緒，於是憤怒情緒直接「攻擊」她的身體，導致恐慌症。

其實，母親的防禦機制從年輕時就已經存在，那時她經歷嚴重的打擊，必須轉移注意力，讓自己生存下來。那些對生活的不滿與憤怒，以及對自身不幸命運的悲傷，從來沒有真正得到釋放，焦慮也因此伴隨了她一輩子。母親非常善於抑制情緒和使用防禦機制，也經常這樣勸誡他人。當她七十多歲時，一個外在的突發事件，又引發她猛烈的情緒反應，結果變成了恐慌症。母親因為害怕悲傷引發焦慮，焦慮又引發更深的悲傷。加上她非常善於迴避所有可能與悲傷連結的事物，一環扣一環，終於導致生病。

在書寫中釋放核心情緒

只有允許核心情緒流露，我們才能充分整合自己的思緒與感受。當你書寫情緒時，可以問問自己：現在我正處於情緒變化三角地帶中的哪個位置？當我們能確認位置、釐清自己處於核心情緒、抑制情緒，還是防禦狀態，依據這個線索，我們就可以找到自己的核心情緒，並且為其命名。**一旦與核心情緒產生連結，我們內心就可以回歸真實開放的狀態**，不必受焦慮、羞愧與內疚等情緒阻撓。我們會感覺自己越來越重要，也越來越有信心面對生活中的大小事件。

舉例而言，如果一個人正在書寫自己非常憂鬱，他回憶自己從何時開始憂鬱時，寫下這樣一段文字：

最近接了一個新案子，我是專案的負責人，這個專案從頭到尾的每個環節都設計得盡善盡美。但在執行過程中，我總覺得力不從心。我沒有辦法達到原本預期的進度，每天早上四點我就醒了，腦海裡都是專案失敗的畫面，當中有部門主管，也有隔壁部門看笑話的人。對了，還有我家人失望和埋怨的眼神。我就是不行，我就是做不到啊。

當我們把這些情緒放到情緒變化三角地帶分析時，就知道這一定不是核心情緒，因為這段文字表達的是憂鬱和焦慮，可能是一種防禦，而這個人的核心情緒究竟是什麼？我們繼續探索：

我繼續追問自己，到底是什麼讓我如此挫折？其實這個專案本身很好，但是我感覺力不從心，是因爲團隊合作不如預期，好像只有我一個人孤軍奮戰。對！他們爲什麼不能配合我把專案做好？對！我對他們感到憤怒，但同時也爲自己感到悲傷。從小到大，我總是一個人，我做什麼事情都是靠自己爭取，沒有人幫我，父母不能幫我，兄弟姊妹也不能幫我，全家人都無法互相依靠。我一個人奮鬥，沒有任何人可以幫我。

是的，一想到自己如此孤獨，我的心裡就有一股深深的悲傷。無依無靠的悲傷，獨自奮鬥的悲傷，孤立無援的悲傷，這份悲傷不斷彌漫如汪洋大海。而我就是一艘孤獨的小船，而悲傷就如海水一般洶湧。

看到這裡，我們終於找到核心情緒：悲傷。

透過書寫悲傷，我們可以清晰地體會悲傷，減少憂鬱和焦慮，讓大腦慢慢平靜下來。不要抗拒這份悲傷，這會讓你更加焦慮，也不要防禦你的焦慮，這會讓你更憂鬱。在你毫無保留地自由書寫這些內容之後，你會感受到一種前所未有的平靜，因為你終於清楚地知道，是什麼讓你感到焦慮。

找到核心情緒之後，我們要學習如何經由書寫核心情緒，釋放核心情緒對我們的影響。

當你意識到自己當下的核心情緒時，就很容易與過去相似的情緒體驗有所連結。這種連結是經由記憶、情緒、身體感受和信念共同完成的。因此，有些人在遭受強烈的外界刺激時，會瞬間退化到兒童階段，以小孩的行為方式來因應當下的情境。這是由於當下體驗到的情緒與小時候所經歷的創傷相似，因此而產生這種退化現象。

如果你在情緒發生的當下就能深刻體會自己的核心情緒，即便只有數分鐘，也能讓這份情緒有所舒緩。因此，你可以不斷地書寫核心情緒，讓自己的感受被看見，這會帶來正面的感受，至少也能得到一定程度的梳理。而伴隨核心情緒的發現，你可能會有以下體驗。

①你會哭泣，有時默默流淚，有時低聲啜泣，甚至號啕大哭。

如果你哭得很厲害，請注意自己的心律，適當地深呼吸。過去存在於身體的感受被喚醒後，人體會快速分泌腎上腺素，當腎上腺素恢復正常值之後，你就會感覺好一些，這個過程可能需要幾分鐘的時間。當然，如果你有很深的創傷，請務必在專業人士的協助下進行治療。

②檢查自己的身體，感受核心情緒在身體各部位的感覺。

你可以把注意力轉移到自己的頸部、心臟、腹部、背部等部位，以非常緩慢的速度掃描全身，然後將你體驗到的感受寫出來。任何感覺都是被允許的，你只要真實地書寫就可以了。

一般情況下，集中注意力觀察自己十五秒左右，你就會產生放鬆與安詳等感受，這樣的情緒觀察與冥想有相似之處。我們在冥想時通常會被提醒，要不加判斷地關注身體本身，要開放意識和身體體驗，這裡也是一樣。

③當身體的某個部位有強烈感受時，你要特別停下來進行書寫。

請你將所有的注意力轉向感覺非常強烈的身體部位，如：頭痛。人在非常悲傷的時候，可能會出現缺氧狀況，頭痛可能就是缺氧反應的症狀。在這種情況下，我們需要對頭痛症狀進行一些處理，首先是深呼吸，吸入更多的氧氣舒緩頭痛。然後，我們可以寫上：「現在我需要＿＿。」若是此時寫了：我需要一個布娃娃。那麼接著就可以繼續書寫：如果我有這個布娃娃會怎麼樣。

到了後面我也會提到，療癒需要一個重要的關係人或重要的客體，這個關係人或客體曾經在我們的成長過程給予我們支持，當我們在書寫中重新經歷痛苦體驗時，我們也需要這個關係人或客體的支持。如果是一個布娃娃，你可以想像與這個布娃娃待在一起的感覺；如果是一個現實中的人，你也可以想像對方會和你說什麼，把這些想像的話語都書寫下來。

④完整體驗核心情緒的起伏之後，我們會進入修復過程。

此時，我們跟自己的身體感受保持一致，並讓感受在身體當中流動，直到感受自然停止，使我們進入療癒的狀態。在這樣的狀態中，我們會體驗到放鬆、平靜、安詳等感覺，請雙腳著地，用心體會身體的感受，就像前面掃描全身的過程，一點一滴地感受這份放鬆。

然後，我希望你可以把剛才放鬆的過程書寫下來：包括你的身體體會了什麼，身體有哪些變化，產生了什麼樣的情緒，為你帶來哪些體悟……書寫會強化這份安詳寧靜的內在體驗。

經歷以上種種的過程，我建議你可以寫下一段感謝自己的話語。為了療癒自己的核心情緒，我們做了許多努力。感恩，也是一種療癒，我們最應該感恩的是我們自己。

我從來沒有這樣的體會，我感覺自己是如此安全，如此被關心。我要謝謝自己給了自己這個機會。

感謝我的身體陪我一起經歷了那麼多，我很努力，我真的擁有許多，我現在充滿了感恩。

身體層面的記憶不只存在於認知層面，也存在於情緒層面。當我們正在經歷某種體驗的時候，資訊會透過無數感官傳送至大腦，被刺激的腦細胞開始活躍並相互連結，從而形成記憶。因此，當你聞到茶葉蛋的香味，你可能瞬間想起童年時外婆為你煮茶葉蛋的場景。過去與現在的融合，是因為新舊腦細胞網路同時受到了刺激。

當某種體驗出現得越頻繁，相似體驗的間隔時間越短，腦細胞之間的連繫就會越牢固。觀察發現，小時候受到虐待的兒童長大後，稍微有一點外界刺激就會回到恐慌狀態。因為在兒童時期建立的模式重複出現並得到強化，對身心都有很大的影響。

當悲傷情緒被喚起時，我們也許會感到羞愧或焦慮，這些都會讓我們壓抑悲傷。但現在我們學會去體驗這份悲傷，這是一個全新的學習過程，大腦的舊習慣已經跟隨你數十年，就像你家門口一直存在的一條馬路，而現在你需要開創一條全新而不受阻礙的道路。既然是開路，過程就不會一帆風順，你需要一遍遍地重複，直到你的大腦形成新的神經迴路。

因此，療癒自己的方法，就是將當下發生觸動你感受的事件寫下來，識別這個感受位於情緒變化三角地帶的哪個位置，找到自己的核心情緒，並一再重複以上的步驟。

情緒與認知是兩條通道

接下來，我們就要回顧過去，開始療癒生命中的傷痛。每到此刻，就會有人認為：「為什麼要揭開過去的傷疤？跟過去糾纏不清，對未來有什麼意義？」當然也有人認為：「不要深陷在與父母的恩怨中，反過來想，我們不是原生家庭的受害者，我們是自己生命的創造者。」當一個人把自己放在創造者的位置時，就不會繼續耗用能量抱怨父母，原生家庭的問題就有機會解決。

這些說法聽起來挺有道理，可能在嘗試之後也確實暫時有效。但過不了多久，原本的情緒問題又開始反覆出現，受到原生家庭牽動的情緒並不會因此治癒。更麻煩的是，原本對父母的憤怒與怨恨不但沒有消散，反而因為自覺努力卻看不到成效更加憤怒。其實，與原生家庭之間的糾纏之所以讓我們耿耿於懷，正是因為原生家庭給我們帶來了情緒創傷。

我們要知道，情緒與認知是兩條通道。

在你的情緒創傷通道，也就是在你與主要照顧者的互動中，如果常常感受到憤怒、羞愧、內疚、恐懼，這條通道形成後，你往後的人生就會習慣性地走上這條道路。也許看到別人的一個白眼，你就會本能地感到羞愧，覺得對方看不起你，也許這根本不是針對你，但這就是原生家庭帶來的本能反應。

如果此時你告訴自己：「我是自己生命的創造者，我要往前看。」就像你正在開車，有人在山頂揮著小旗子對你喊：「快改道！」你會改道嗎？不會。因為你只認識這一條路。這就是情緒創傷帶來的問題。治療的根本在於你一定要回到創傷的原點，最起碼你要正視這個問題確實給自己帶來了傷害。

如果此時你告訴自己：「沒事，過去的事我就不計較了。」那麼一切就真的會過去嗎？不會的。也許你這樣安慰自己之後會自我感覺良好，覺得自己可以把注意力放在創造上，甚至在面對父母時脾氣也變好了。但是，你在某個地方壓抑的情緒，必然會在其他地方冒出來，最後總有人為你的情緒創傷買單，也許是你的伴侶，也許是你的小孩，也許是你的朋友同事。因為你還沒有建立新的通道，因此還是會觸發創傷的情緒。

因此，當我們想要療癒傷痛或與原生家庭和解，並非是和父母理論，這樣只會讓我們與父母的關係更糟糕，唯一有效的方法，就是在大腦裡建立新的情緒通道。如果你可以這麼做，你在和父母互動的過程中，情緒就有新的通道可走，你對外界的反應以及生活中反覆出現的情緒問題，都會得到改善，人際關係也會變得更好。好好面對你的創傷經驗，才能經歷順理成章、水到渠成的改變。

接下來，邀請你跟著本書的指引，用以下自助的方法與原生家庭達成和解。

回顧成年期　告別生命中的愛與哀愁

上一章介紹了情緒創傷理論，接下來我們就要運用這個理論回憶生命中的種種事件。

我們會從三個階段進行回顧：大學到成人、青春期以及童年。請你在每一個人生階段找到相對應的重要他人或重要客體。重要他人是給過你正向力量，或者在你人生特定階段幫助過你的人。當你想起對方就會心懷感恩或自信滿滿。重要客體是在你成長過程中陪伴你，讓你想來心生溫暖的人事物。

回顧過往的準備

回顧過往之前，我希望你可以先做些準備。有人可能認為自己沒有任何重要他人，或是沒有任何給過自己力量或幫助的重要客體。但是請你相信，一定有！即便是小貓、小狗、布娃娃，甚至只是一個內在的聲音，都是重要的幫助。請你回憶這些對象，並且加以命名。例如，你可以把家裡的玩偶命名為「信心」或「力量」。如果你實在找不到，也可以找一位理想的重要他人，讓對方來陪伴你。例如，你成年之後遇到一位非常好的朋友，你可以把他視為重要他人，在回顧人生過往的時候，你需要對方的參與，看看在不同的時空下，這個人會給你怎樣的幫助和力量。

做好這部分的準備之後，我們就可以開始回顧了。

我們先回顧自己的成年期。作為成年人，主要任務就是學會愛與獨立。一般在成年早期，我們剛從學校畢業，對社會充滿好奇，許多事情都是懵懵懂懂，無論是談戀愛還是初入職場，都有可能會讓我們經歷一些情感上的創傷。如今回憶起來，這些點點滴滴都會讓人感到心痛。我們經常隱藏和掩埋過去的傷痛，卻從未與傷痛好好告別，也沒有將之好好安放。

這次的書寫，就是一個與這些傷痛告別的機會。

心理學家艾瑞克森的「心理社會發展論」將人生分為八個階段，為人生不同時期的人格發展與成長衝突提供了理論依據。根據理論，任一階段的發展失誤，都會造成一個人終生發展的障礙。

在〇到二歲的嬰兒期，我們要解決的是信任與不信任的心理衝突；二到三歲的幼年期，要解決的是活潑自主與羞怯懷疑的衝突；三到六歲的學齡前期，要解決的是進取與內疚的衝突；六到十二歲的學齡期，要解決的是勤勉與自卑的衝突；十三歲到十九歲的青春期，主要解決的是自我認同與角色混淆的衝突；二十到三十九歲的成人早期，要解決的是親密與孤立的衝突；四十歲到六十四歲的成人中期，要解決的是活力與頹廢的衝突；六十五歲以上的人生階段，要解決的是完滿與絕望的衝突。

透過艾瑞克森心理社會發展的八階段理論，我們回顧自己的人生經歷，釐清之前梳理的核心情緒究竟發生在人生的哪個階段，而當時對應的人生階段又是如何演繹。我們經由書寫，充分還原當時的情景，再邀請該階段的重要他人與我們對話，或者連結到重要的人事物給予的幫助，這就是我們在回顧過往經歷時需要完成的任務。

愛情與失落對心理成長的影響

接近成年，或在成年之後，我們會戀愛、結婚、生子，在社會中尋找自我價值，確認自己是誰，能為社會貢獻什麼。許多人真正的成長都是到這個階段才完成。

我曾經遇過一位前來諮商的女孩，她表示自己無論如何都無法進入親密關係。我在諮商過程發現，這位女孩每認識一位新的異性，就會無意識且不自覺地把對方和初戀男友相比。她挑剔對方的種種問題，拒絕對方的時候，也總是有各種理由。深入探討後發現，在她內心深處，每一個異性都比不上初戀男友。當我問她當初如何與初戀男友分手，我們才發現一個重要的問題——初戀男友用電話通知她分手，而且還是非常突然的。由於他們是遠距離戀愛，因此她根本不知道分手的真正原因。正是這種情況，讓她留下了心結。

在那通分手電話之前，她其實已經隱約感覺到兩個人的關係漸漸疏遠。這麼多年過去了，她依然會在夜深人靜時思考，到底是什麼原因導致他們分手。因為兩個人沒有在一起的希望嗎？還是因為對方移情別戀？或是對方父母不同意兒子與外地人談戀愛？她一直糾結在這件事上，讓這件事成了她的心結，持續干擾她往後發展的戀情。因此，這個女孩並非沒有進入親密關係的能力，而是缺少一場與初戀的告別。

另一位諮商當事人，她的外婆在兩年前過世。在外婆過世之前，她是家中備受寵愛的公主。然而，外婆過世的時候，她沒能及時趕回家，無法親自跟外婆道別，成了她心裡永遠的遺憾。在之後的兩年內，她的工作非常不順，來諮商時已經失業三個月，並且伴有明顯的憂鬱情緒。

書寫生命中意義重大的失去

在這之前，你可能從來沒意識到，缺少一場告別，其實會嚴重影響到我們當下的生活。一場未完結的告別，可能就是我們成長路上的絆腳石。關於告別，最重要的就是面對，比如說，對離開我們的人好好表達自己的心裡話。**我們透過書寫仔細描述核心情緒時，就代表創傷已經被看見了。**然後，我們可以站在對方的角度，想想對方會跟我們說什麼。如果你寫到這裡，發現自己無法進入對方的世界，不知道對方會說什麼，就邀請你的重要他人，或者給你幫助的重要人事物，想想他會跟你說什麼，並把那些話寫下來。

也許你的生命中沒有跟失去有關的議題，那你可以書寫親密關係。例如，你在可以寫一段感情中的事件，盡情描述當時的場景，反覆書寫你們曾經的爭吵。你會突然意識到，每次爭吵都觸及你的某個核心情緒。例如，你的核心情緒是恐懼。第一次爭吵的時候，因為對方加班，你們很少溝通，你很焦慮，但你深層的感受是害怕失去對方。第二次衝突的時候，對方忘了你的生日，你們大吵一架，對方覺得有點厭煩，於是，害怕失去對方的恐懼再次被喚起。後來，你不斷為對方忽略自己而生氣，而對方又因為你生氣而不斷遠離你，這讓你更加生氣。在這個過程中，我們會發現，每次爭吵都有恐懼的核心情緒。

書寫過程中，我們要盡量回到當時的情境，把恐懼細緻地描述出來。當時發生了什麼？你心裡的感覺是什麼？身體的感受是什麼？你當時的想法是什麼？你採取了什麼行動？這些都需要你不斷地書寫出來。描述核心情緒時，要盡量細緻。例如，你可以這樣描述恐懼：「我整個人縮成一團、身體發冷，好像身處於無人的黑夜，四處沒有人也沒有聲音，伸手不見五指。」你把恐懼描述得越詳細，你潛意識裡把這份恐懼釋放得越澈底。

同樣地，你也需要邀請自己的重要他人進行療癒。如果這個重要他人在親密關係中，曾經做了傷害你的事情，那他就不是療癒書寫中需要邀請的人。這時你邀請他出來對話，他仍然可能傷害你。

練習——在書寫中告別

回顧你在成年之後重要的親密關係，如果你跟某些重要的人沒有好好告別，請你寫出來。如果你的親密關係都有始有終，那麼你可以認真細緻地回憶過去，看看每一次親密關係是如何發生，並梳理出你的核心情緒。

書寫時請注意：找出你的核心情緒並盡量細緻地描述，邀請你要告別的對象，或者你生命中的重要他人，將他會對你說的話寫下來。

* * *

範文——卸下盔甲，成為自己

文／Cherry

在親密關係中，我最重要的核心情緒是害怕分離，害怕和我最親密、最在乎的人分離。我不知道這種害怕是恐懼，還是悲傷。恐懼好像有點太過，應該是悲傷，是一種與很親密的人分開的悲傷。

曾經，我對自己要長大、要和父母分開感到難過。我不能一直陪伴在自己最親密的父母身邊，我要走向獨立。而長大後，對於要和L分離，我也一樣感到難過。也許這就是無意識在重複曾經的傷痛吧。這種悲傷和失落是：在你現在的生活中，我不能成爲你最重要的那個人，而在往後，我也無法成爲你最重要的那個人。

或許這是一種失控。我總是在作繭自縛，把自己和另外一個親密他人緊緊地綁在一起。當我主動或被動地拆開這個繭，我都有一種恐懼，一種害怕，一種失落，一種不適應，就是從最重要的人的生活中淡出的恐懼。寫到這裡，喘了一口氣，說不出是什麼感覺。

我也曾和最親密的人告別，但不是很好的告別。明明沒什麼，我總是帶著一肚子的怨恨和指責，破壞了關係，也哭著搞壞自己的情緒，也許這讓對方很不好受。本來明明無事，自己卻像沒事找事，上演一齣齣發脾氣的戲碼。

我想像生命中的貴人會和我說：「醒來吧，孩子！你要長大了，不要再玩這麼無聊的遊戲。人生還很長，但時間很寶貴，你還有許多重要的事情得做，沒有時間重複過去的陰影。人總要長大，總要獨立，這樣才可以迎接屬於自己的美好。至於你親密的人，如果他確實是你生命中重要的人，時間不會破壞你們的關係，你們永遠都血濃於水。只有你走向獨立，活出自己，你才會好起來，你們的關係也才會更好，這樣對他也好。不是嗎？加油吧！」

＊　＊　＊

寫作指導——邀請重要他人

邀請重要他人的作用是什麼？

當我們找到自己的核心情緒，並且書寫下來，我們就跟核心情緒建立了連結，這個連結的過程產生了對自己的同情，這是非常重要的。

也許你在書寫時會有疑問，為什麼感受到的核心情緒不強烈，抑制情緒卻那麼強烈？原因就是我們曾經壓抑了核心情緒，不允許自己表達核心情緒，抑制情緒才會如此頻繁與強烈地出現。抑制情緒反覆出現的目的，是為了提醒我們深入探索被壓抑的核心情緒。

因此，現在要做的，就是重新連結核心情緒，好好地同情自己。**看見即療癒，我們需要自己先看見自己。**

本章的練習中，我們回顧成年之後的事情。在這個階段，我們大概會經歷戀愛。在戀愛中，有哪些人事物讓你到現在還念念不忘？也許這裡就有你仍未擺脫的情結，或是你從未發掘的核心情緒，正偽裝成其他情緒在我們的生命中反覆作祟。因此，我們現在需要回顧成年期的故事，讓自己與被壓抑的核心情緒重新建立連結。

如果你是被分手的一方，或者分手很久之後才知道對方原來早已出軌，你可能連憤怒都無處宣洩。建議你透過書寫來表達，跟過去的感情做一個告別。

如果無法與核心情緒建立連結，該怎麼辦？這會導致我們總是在抑制情緒中反覆循環。如果一個人無法表達憤怒的核心情緒，他在成長過程總是切斷與憤怒的連結。成年之後就可能會遇到這樣的情境：有人侵犯了他的界線，或有人對自己發怒時，他反而會產生自責與內疚（抑制情緒），甚至還會去討好（防禦機制）對方。看起來就像情感被操控了一樣。

我的一位好友也有類似的情況。他與一個公司洽談合作案時，對方突然態度丕變，變得非常不友善。回來以後，他問我自己的行為是不是哪裡不合適。他感到內疚和自責，就是一種抑制情緒。一般情況下，當我們與他人正常溝通，卻突然遭遇對方言語或行為上的暴力時，人的本能反應應該是憤怒。但是，這位朋友長期把自己與憤怒的連結切斷，因此當他遇到對方發怒時，本能反應就是檢討自己哪裡做錯了。我這樣分析完之後，他突然理解了自己——他常常因為莫名的內疚，選擇做一個好好先生，在關係中討好對方。

有趣的是，他妻子也曾向我抱怨，丈夫實在是太懦弱了，她總是對丈夫發號施令。面對妻子一些越界的行為，這位朋友又抑制了情緒，繼續感到自責與內疚。數個月之後，這位朋友告訴我，他發覺這個問題從初戀開始就存在。那時他的初戀女友離他而去，嫁給一位身分地位都比他高的人，分手就是因為自己配不上初戀女友。

許多我們生活中反覆循環的苦痛，正是因為我們缺少了一場告別。

回顧青春期　找出低自尊源頭，重建自信

回顧成人時期的心路歷程後，接下來就到了非常重要的青春期。從心理學的角度來看，青春期的心理發展包括五個任務，即獨立性、自我認同、親密感、身體穩定性和認知發展。其中最主要的兩大核心任務是完成獨立性和親密感。

青春期的心理發展是為了尋找自我認同，或是形成自我，而且在自我的基礎上發展出獨立性和親密感。這個時期必須不斷探索「獨立」與「親密」的衝突，從中形成自我認同，才能完成「自我同一性」的人格。

獨立性——完成與父母的分離

青春期心理發展的第一個任務是獨立性。獨立性是指心理上，一個人作為個體的分離。在這個階段，個體要完成與父母的分離，為走向社會、發展自我做好準備。如

果父母在這個過程不允許孩子分離，不允許孩子有自己的朋友圈，或有自己的主張，仍然沿用兒童期絕對權威式的管教方法，孩子在成年後，很可能會發展出兩種極端現象：第一種現象是優柔寡斷，遇到事情難以自己做判斷，仍要依賴父母，也就是所謂的「巨嬰」；第二種現象類似「反向作用」，看似很有主見，實則無論權威說什麼都先反對，結果把人際關係搞得一團糟。

自我認同——我是誰

青春期心理發展的第二個任務是自我認同。包括「我是誰」、「我有沒有價值」、「我值不值得被愛、被尊重」的意識，以及我們對自己性別的認識等。這些都需要我們在與社會的互動中，形成認同的邊界。這個過程可能需要數年時間，整個青少年時期甚至到成人早期，差不多從十二歲到二十五歲，我們都在做這些事情。

如果你在成年後總有受挫的感覺，覺得自己不夠好，不值得被愛，也許主要原因是在形成自我認同的青春期，遭遇了傳統的挫折式教育或打壓式教育。

青春期的發展受挫，很容易使人形成低自尊，容易聚焦在自己不好的部分，而忽視好的部分。這樣的個體即便在長大後取得非常高的成就，也可能會有低自尊的情況。例如：要是沒有用盡百分之百的努力工作，他就會自我貶低，覺得自己是一個糟糕的人。

你可以把自尊想像為一條軸線。這條軸線的左側代表自卑，也就是認為自己不夠好（當然這種信念不是事實）；軸線的右側代表盲目的自負，軸線的中點則代表自信，也就是健康的自戀。我們每個人既有優點，也有缺點，我們不應該因為缺點而否定優點，也不應該認為自己就是完美無缺。自卑和自負都是不健康的自戀，許多成因都是因為一個人在形成自我認同的階段出現了阻礙。

親密感——建立友情和愛情

青春期心理發展的第三個任務，就是親密感的建立。

青少年不只要在家庭內部發展親密關係，同時也會把焦點放到家庭之外，建立友情和愛情。如果十三到十八歲的青少年，除了家人以外，沒有其他關係緊密的對象，甚至沒有喜歡過其他人，可能就會難以建立和發展親密感。

一位二十出頭的女性曾來找我諮商，她在回想過程中提到，小時候爸爸一直出差忙生意不在家，她就成了媽媽的「情緒配偶」。其他女孩不是成群結隊地玩耍，就是偷偷地談戀愛，只有她放學後要趕緊回家，因為媽媽獨自在家待了一天很無聊，她需要回家陪媽媽說說話。她也曾跟同學抱怨，媽媽老是催她回家吃飯。同學們一起討論遊戲或明星時，她的內心深處總有一種很深的孤獨感。

以前她總以為是媽媽愛管她，但在成年之後，她回想其實是自己心裡放不下媽媽。考大學的時候，她突然意識到從沒有為自己活過，選擇了一所離家很遠的大學，但是孤獨感依舊揮之不去。在往後的人生，無論她在什麼城市，總感覺自己和周圍同齡的朋友格格不入，內心的孤獨感總是如影隨形。

這個女孩在發展親密感的年紀，沒有適當地在心理上與父母分化，致使她往後很難走入親密關係。而現在母親已經有退休後的父親相伴，不需要她的陪伴，因此她更覺得無依無靠了。

身體穩定性——對性和身體的探索

青春期心理發展的第四個任務，就是保持身體的穩定性。

青春期的生理發展快速而不均衡，此時身體可能會出現一些不熟悉、新鮮的感覺，尤其是在性的方面。人對於性都具有天生的敏感和好奇，從沒有性意識，到性徵發育，再到性衝動的產生，我們會向外探索，也會向內探索。青春期不只關注性，也關注外表，這些都是個體在青春期對身體自我認同的建立過程，也就是身體穩定性。

如果性發展的部分遭受打壓，核心情緒受到壓抑，抑制情緒多會產生羞恥或羞愧的感受。女性對於性的羞恥感往往會導致在成年後的親密關係中受挫。有些女性認為性的唯一目的就是傳宗接代，這也會導致女性無法享受正常的性生活，對於性採取迴避或是冷淡的態度，這些其實都源自於內心深處的羞愧感。當然，有些人對於性的羞恥感是因為更早期的性創傷。人的成長會有疊加效應，當我們在梳理每個成長階段時，就會在不同的階段看到相似的主題不斷重演。

認知發展——對世界和自我的認識

青春期心理發展的第五個任務是認知發展。

認知是一種理性能力，指的是我們對世界和對自我的認識，包括生理與心理的平衡發展，其中最主要的任務，就是我們從以偏概全的極端認識，慢慢發展為一種整合的觀點。在這個環節，我們也可以回顧自己有哪些非理性信念，以及自己是在什麼時期形成了這些非理性信念。

以上就是每個人在青春期要完成的心理發展五大任務。如果一個人能夠被好好支持、順利度過整個過程，就能形成比較穩固的自我認同。

低自尊的影響

在形成自我認同的過程中，如果不斷遭受外來的挫折，很可能會造成自我價值感低落，形成低自尊。低自尊的主要情緒有羞愧與恐懼，這些都可能成為一個人生命中的主旋律，一到關鍵時刻就會響起。

人如果長期處於低自尊狀態，可能導致憂鬱或社交焦慮，對人際關係造成負面影響。有人可能會憤怒地攻擊對方，或是持續地貶低自我。長期下來，原來持續給予鼓勵的幫助者，看到對方不斷陷入自卑狀態，也可能轉為憤怒或攻擊，於是對於當事人而言，等於再次證實自己「不值得被愛」，加強了原有的非理性信念。

有的人在成長過程中，雖然很少受到父母打壓，但父母其實是因為婚姻問題而忽略了孩子。此時，孩子可能出於對父母的忠誠，或者對自己的自戀，將父母的婚姻問題歸咎到自己身上，認為是因為自己不夠好、不夠可愛，導致父母婚姻失和。這種對父母感到愧疚的情況，不僅消耗孩子的精力，也會讓孩子在發展過程中受挫。

此外，更嚴重的就是被暴力對待，無論是身體暴力或是語言暴力，都會造成孩子心生恐懼、羞愧與無力感等等。

因此，回顧青春期的環節至關重要。你覺得自己是低自尊的人嗎？你形成自尊的經歷是什麼？當你回顧過往的時候，你能感受到自己在事件當中的核心情緒嗎？

練習——與青春期對話

完成這個階段的核心情緒梳理之後，我們仍然要邀請重要他人。假設你在青春期總是被父母打壓自尊，請仔細地寫出當時的場景、言語與細節，並邀請重要他人與你對話。假設這位重要他人是你的父親，請你想一想，他現在會對你說什麼。當然，如果你的父親仍然和從前一樣打壓你，他就不適合擔任此時的重要他人。在這個過程中，你需要邀請會帶給你力量的人。

＊＊＊

範文——在自卑的土壤裡，我開花結果

文／沈山

我終於考上了夢寐以求的學校！爲了在同學面前展現自己最自信漂亮的一

面，我準備把大姊買給我的一身新衣服穿去學校。

出門前，我記得母親氣沖沖地從外面進來，拉著我的衣服指責我：「上個學而已，爲什麼特地穿成這樣？不正經！」

不！我聽到的不只是指責，而是一頓臭罵！罵我去上學還要講究美感和穿搭，不正經又愛現。我眞的無法用文字表達那些罵我的字眼有多難聽。

我記得母親用一隻手指憤怒地指著我的額頭，就像在掃射敵人一樣，我只能不知所措地用僵硬的身體直直抵住槍口，但我的內心充滿火焰。我想：你罵吧，我不接受你罵我的每一個字，穿新衣服有什麼錯？要打要罵隨你便，我就是不正經。

母親的叫罵聲像是咒語，讓我內心充滿了自卑感：我不配穿新衣服上學，我這麼穿就是不好好讀書，不配在這個家生活！這些叫罵聲穿越了三十五年，響徹時空，震碎身心。我至今也不明白，母親看到我拿著尚未打開的新衣服，爲什麼如此憤怒？母親，你那時到底在想什麼？

母親，你是不是覺得我們家很窮，讓我上學已經很不容易，怎麼還能講究穿搭。你的自卑心理是不是希望我在學校也要像你一樣，忍聲吞氣地學習、交朋友？對，母親，你從小沒有父親，內心充滿恐懼與不安全感。你每天和別人說話都要小心翼翼，你忍辱負重地下田務農，穿最舊的衣服、吃隔夜的剩飯，就是為了讓人看到你與世無爭的形象嗎？你的自卑情結像種子一樣，悄悄埋藏在我心中——在一個沒有兒子的家裡，女兒的言談舉止不能張揚，不能特立獨行。

母親，我可不是這樣想的。你沒有兒子，你有斷子絕孫的恐懼，但我的內心沒有！我討厭你低聲下氣的自卑心理。你知道，我會學習，成績優異，老師和同學都欣賞我，我比兒子更強大。我穿新衣服不是招蜂引蝶，不是不好好讀書，而是能更自信大方地交朋友、學習新事物。家裡沒有兒子又怎樣？我是全村第一個考上大學，離開農村的女孩。

母親，你還記得大學的錄取通知送來時，大家用多麼羨慕的目光看你嗎？你把自卑當成空氣在呼吸，也想讓我委屈地夾著尾巴做人。母親，這是一個知識能改變命運的時代，正是因為你的自怨自艾，我才得以自立自強，我相信自己只要好好讀書，我們家就會有新的面貌。我討厭村子裡其他女孩的想法：長大嫁人、結婚生子，一輩子就這樣過日子。我有一個夢想，醜小鴨只要努力，也有成爲天鵝飛上天空的一刻。

母親，現在你是全村大家最羡慕的老人了，你有五個女兒，一個比一個孝順。我在市區特別爲你買了一樓的房子，只要你和父親願意，隨時可以像候鳥一樣搬來溫暖舒適的地方。你比別人還自由！我在城裡最大的醫院工作，每當村子裡有人想找我看病，你是他們第一個諮詢的對象，大家都用羡慕的目光向你求助。在電話裡，你總是笑呵呵地通知我：「村裡有人要去找你看病了，好好接待！」母親，我爲你的幸福而快樂，也爲你的自卑而叛逆。

＊　＊　＊

寫作指導——表達抑制情緒

你是否陷入了痛苦的回憶？我們開始回憶青春期的故事，並且在回憶的過程中對應情緒變化三角地帶，盡情用書寫表達我們的核心情緒，同時釋放我們曾經被壓抑或忽略的創傷。

創傷之所以形成，有時就是因為當時無法表達核心情緒，因此讓我們一直生活在抑制情緒和自我保護之中，結果當我們要表達自己的感受時，只能表達難受、生氣等模糊的感覺。在這種情況下，許多人都無法真正發覺自己的需求。

我先在這裡為大家做一個簡短的示範：

我真的很恨我母親。那時我才十二歲，一點也不懂愛情，她就當著鄰居的面，把男生寫給我的一封信像笑話一樣讀出來。當時我真的很想把信從她手上一把搶過來，可是我的兩條腿就像是黏在地板上，我的臉漲得通紅，整個身體像是著火了一樣，真的是太難受了。我不記得過了多久，當我在母親和鄰居的歡聲笑語中抬起頭來的時候，母親已經不笑了，換了一副溫柔表情對我說：「別管這個男孩說什麼，你好好讀書就行了。」我不記得我怎麼回覆母親，之後我就回房間寫作業。這件事在我心裡藏了二十多年，到現在都沒辦法忘記。

現在，我們以情緒變化三角地帶來分析女孩當時的幾種情緒。首先，她對母親有明顯的憤怒，但是她的憤怒被什麼打斷了？她看到了媽媽溫柔的表情，然後她的憤怒不見了，她去做別的事情，其實這就是防禦機制。

這當中的抑制情緒是什麼？我們需要非常細膩地去體會。當一個孩子應該向母親表達憤怒的時候，母親卻以溫柔的表情說出自己的期待，我猜這個孩子可能會自責或內疚。如果把這個故事補全，女孩看到母親溫柔的表情，會認為母親這麼做都是為了自己好，她不該惹麻煩。有了這些想法，她瞬間就壓抑了憤怒，情緒變化的三角地帶就是這樣運作的。

理解情緒變化三角地帶的運作之後，我們該如何書寫核心情緒？許多人在書寫憤怒時，很可能筆鋒一轉，就會想著：她畢竟是我的母親，養育我這麼辛苦，我不能、也不應該對她發脾氣。如果你也是這樣寫的，那在書寫過程中，你又再一次阻斷了自己的核心情緒。

有人或許會擔心，難道要用極端的方式表達憤怒嗎？難道要在心裡把對方痛毆一頓嗎？

我認為，我們可以在書寫中盡情表達自己的憤怒。因為並不會有人因為我們書寫的文字，或者書寫中表達的暴力受到傷害。透過書寫把憤怒表達出來，可以幫助我們把負面情緒從整個身體系統中排除。一旦憤怒得到宣洩，身體就會平靜下來，當身體處於平靜的狀態，再與父母談論自己的感受時，就能夠更理性、更體貼、更和善。

情緒抑制的問題得以解決，大腦才能更好地面對問題，找到更有建設性的方法來表達感受，因此，以書寫替代在心理諮商室裡與諮商師的對話，在某種程度上是一種相對安全的方式。處理情緒的時候，我們的大腦不會區分幻想與現實，只會透過我們的體驗重新連結、經歷，然後放下。我們完全可以以書寫的方式表達憤怒，因為一旦表達出來，我們就已經開始擺脫憤怒了。

表達憤怒的同時，把自己內心的需求寫出來，並且邀請重要他人給予情感支持，這樣就完成了自我療癒的完整過程。

還有一點非常重要。在陳述事件的過程，請把主體換作「我」。例如「我感到非常憤怒。」「我非常恐懼。」「我感覺渾身像是著火一樣。」在書寫時，如果寫的是對方做了什麼、如何凶神惡煞，其實就是將喚起情緒的主控權交給對方。因此，請具體描述「我」當下的感受，不用花太多篇幅著墨在對方身上，除非你認為描述對方可以喚起自己的感受；我們這樣做只是要記住：我是自己情緒的主人。最重要的是，我們描寫自己核心情緒的文字要足夠細膩。

回顧童年期　生命早期的自我理解與同情

回顧成人期和青春期之後，我們來到了童年期。

個體心理學的創始人阿德勒曾說，幸福的人用童年治癒一生，不幸的人用一生治癒童年。由此可見童年的重要性。談到童年時，心理學有一個重要的理論，叫「依附理論」。成人之後，當我們發現自己在關係中出現一些固定的模式時，通常只要持續回溯自己的人生，就會在童年發現蛛絲馬跡。

例如，一個女孩在戀愛的時候，如果對方令她不悅，她可能連解釋的機會都不給對方，直接斷絕聯繫。這樣的模式，也許在我們〇到三歲的幼年階段就學會了。

我相信對所有人而言，如果回憶起青春期，尤其是那些造成我們創傷的事情，其實並不困難，稍微靜下來就能想起來。但是，我們要如何知道〇到三歲發生過什麼，對我們的人格形成造成何種影響？其實我們可以透過與父母聊天互動，尤其是從母親的回憶中，了解自己〇到三歲的幼年階段。即便你實在無法了解，你也可以對應本章，自己做一個簡單的判斷。

心理治療的派別有許多，如精神分析、行為治療、家族治療等，每個派別各自的治療框架和基礎可能不太一樣，但是大多都在一個理念上具有共識，那就是依附理論。依附理論最早來自於精神分析，從依附的角度來理解人格成長，確實非常實用。

依附理論與人格成長的關聯

依附理論是什麼呢？

簡單言之，我們在嬰兒期與主要照顧者（大多為母親）的互動關係，會被我們內化，而形成一套因應外在世界的範本。因此，每個人在三歲之前，主要照顧者所提供的營養、支援以及愛護是否充足，對一個人是否具備足夠的安全感，具有非常關鍵的作用。在一個人生命的最早期，沒有語言和邏輯思考能力，因此，這個階段形成的問題都是體驗性的問題。當時由於年紀太小，我們還沒有為那些感受命名，因此根本就不記得當時的感受是什麼。

在此，我先簡單介紹依附理論當中的依附類型。

為了觀察嬰兒安全感與母親養育關係，心理學家瑪麗．安斯沃斯做了一項實驗。她先讓母親、一歲左右的嬰兒和一位觀察員待在一間放有玩具的房間裡。實驗開始時，嬰兒可以自由探索二十分鐘，接著讓母親兩次離開房間。每次母親離開時，對孩子而言是陌生人的觀察員會在一旁觀察孩子如何探索。根據孩子的反應，研究人員將孩子對母親的依附類型劃分為兩大類，即「安全型依附」和「非安全型依附」。非安全型依附又可以進一步分為「逃避型依附」、「焦慮型依附」和「混亂型依附」。

安全型依附的孩子在母親離開時，會感到不安，想要哭泣，但不會放棄探索。母親回來後，孩子比較容易安靜下來，並在安撫後繼續與母親保持親密互動。研究發現，這類母親往往內在比較穩定，人格情感豐富但不過度，能掌握自己的情緒，也能理解嬰兒的需要。

逃避型依附的孩子，繼續探索與否跟母親沒有什麼關係，因為母親在與不在，孩子都不會與母親互動。但從壓力荷爾蒙的測試中可以觀察到，母親離開時，孩子的荷爾蒙會升高。這表示孩子雖然內心緊張，但並沒有表現在外。母親對孩子的需求經常是冷漠或退縮，也不觸碰孩子的情感需求。對嬰兒而言，向外建立安全感的嘗試無法獲得回應，因此就只能離開。久而久之，也不會再表達需求。

焦慮型依附的孩子，無論母親是否在場都是又哭又鬧，無法與母親建立良好的依附和親密關係。研究發現，這類孩子與母親的情感並不同步。母親無法體會孩子的情緒，雖然在孩子身邊，但並沒有回應孩子的需求。焦慮型依附的孩子常常感覺生活中充滿了不確定感，當自己表現好，需求才能被滿足，因此一定要非常努力才能獲得自己想要的。

混亂型依附的孩子，表現兼具逃避型與焦慮型依附的特徵，有時不跟母親互動，有時對母親哭鬧。這類孩子的表現毫無規律可言。他們的母親當孩子有需求時，不但不滿足孩子，反而要求孩子來滿足自己的需求。例如孩子怕黑，需要母親的擁抱，但母親沒有滿足孩子的需求，反而向孩子抱怨先生，也就是父親的不是。此時孩子的恐懼沒有獲得安慰，反而需要先安撫母親的憤怒。這樣孩子長大後自然不敢表達需求，也經常覺得伴侶不懂自己。

心理學家在這項實驗的基礎上，又做了成人依附的實驗。

實驗發現，逃避型依附的孩子成年後容易在情感中與對方保持疏離。他們往往過於獨立、遠離他人。雖然想擁有親密關係，但又無法真正與人親近，或者乾脆迴避親密關係，選擇自給自足。即使表面上看起來非常平靜，但是他們的心理也會焦躁不安，若是讓他們分享感受，他們又會覺得很不舒服。在人際交往方面，他們不會依賴他人，不指望他人提供舒適與照顧，也不希望他人依賴自己。在愛情方面，他們經常缺乏深度的情感交流。這類型的人往往可能在工作方面表現優秀，尤其是不涉及情感的工作類型。

焦慮型依附的孩子成年後，經常對感情特別癡迷。他們比較難以確認自己的需求，以至於跟伴侶相處有時會過度依賴。他們的主要目標是取悅他人，因為無法客觀評估適合自己的伴侶，往往會盲目地選擇伴侶，並且不惜任何代價避免遭受拋棄。有些人可能會有這樣的情形：反覆檢查對方手機，不斷打電話給對方，或經常懷疑伴侶不忠。

混亂型依附的孩子成年後可能兼有逃避型與焦慮型依附的兩種情況。混亂型依附的人可能曾經體驗過嚴重的創傷，因此他們很容易陷入孤獨和絕望，不知道自己是誰。雖然非常渴望與他人親近，但是也害怕受到他人傷害。如果一個孩子小時候極度害怕自己的父母，就很可能遇到這種困境。

> 因此，在親密關係中出現問題的人，經常是對於情感特別疏離或癡迷的人，他們都曾經是非安全依附的孩子。

依附類型如何影響成人關係

人類天生是社會性動物，需要與他人相互依賴才能維持生存。理想狀況下，我們最容易接近的是照顧者。如果一個孩子在表達自己的核心情緒時，照顧者經常以確認的方式做出反應，孩子的情緒就能自然流露，精神健康也會得到強化；反之，如果一個孩子表達核心情緒卻受到照顧者拒絕，孩子就會啟動抑制情緒和防禦機制，阻止自己表達情緒，好取悅照顧者。

童年時期的安全程度會影響神經系統的發育，大腦在不安全的環境容易受到創傷。沒有照顧者撫慰的孩子會用防禦機制的方式應對，焦慮、羞愧、孤獨感、無價值感於是隨之而生。對於孩子而言，控制核心情緒和抑制情緒是非常沉重的負擔，大腦要避免被這些感覺淹沒，就要將其分離到意識之外，以保護自己與照顧者之間的連繫。因此，原本用於探索世界的能量就必須轉移到內在世界。孩子雖然生存下來，但卻付出了代價。如果孩子小時候，照顧者的狀態不可靠，那麼在孩子成年以後，大腦會告訴他：不要信賴和依靠任何人。結果這樣的孩子在成年之後容易在親密關係中感到痛苦，也更容易焦慮或憂鬱。

每個人的內在安全感都源自最早與父母之間建立起的安全堡壘，如果一個人早期沒有建立起內在安全感，成年後就很容易有不安全感。這種不安全感不只存在於親密關係，任何關係都可能會遇到這種困境。**人永遠無法信任自己未曾體驗的事物——你過去的安全需求曾經受到怎樣的對待，直接影響你今日的安全感會如何形成。**此外，依附風格會跨代傳遞。父母是安全型依附，孩子就可能是安全型依附；如果父母是焦慮型依附，在與孩子的互動中，很可能就會把這種模式無意識地傳遞給孩子。

但必須說明的是，並不是所有的問題都是父母所造成，因為每個孩子生下來都有先天氣質。好養的嬰兒先天氣質與母親的匹配程度不同，可能會讓一個非安全型的母親心中生出安全的部分，也可能讓一個安全型的母親心力交瘁。在人生的前三年，我們與母親的依附關係為我們打下了人格的「地基」。母親是怎麼樣的人，深深影響了我們內在的安全感。

○到三歲的這個階段，母親是孩子的主要照顧者，至少要為孩子提供溫暖和安定感。若是一個孩子哭得歇斯底里卻沒有受到安撫，或者母親本身就有憂鬱和焦慮，無法為孩子提供溫暖、舒服、穩定的感覺，那麼對這個孩子而言，由於不知道自己能夠依靠誰，孩子可能感受到自己隨時會被拋棄。這種人格深處的不安全感，會使人在成年後的親密關係當中，難以產生深度的情感連結。

如果照顧者不斷更換，孩子就更難建立穩定的依附關係。一個人早年的依附對象不斷變換，會使人一直處於被拋棄的恐懼，比較嚴重的情況是形成「邊緣型人格」。因為害怕遭受拋棄，所以選擇不建立關係，或者是人為製造跌宕起伏的內心小劇場。許多影劇作品的劇情設計中也會有邊緣型人格的角色，雖然有藝術誇張的成分，但這些角色的原型其實都來自於生活。

依附建立在人格底層之上，一個人由於早期的依附問題導致成年後產生人格問題，成年後再想進行修復，難度就會更大。同時，我們也要體認，依附模式貫穿人的一生。也許在人生前三年，我們的依附模式不夠安全，但在之後的人生，只要遇到能夠依靠和親近的人，依附模式就可以獲得改善。

因此，即使幼年時的依附關係有問題，之後的依附關係也可以為我們提供第二次機會，幫助我們獲得安全型依附關係中才能產生的潛能，可以自由地去愛，去感受，去反思。這也就是心理治療的工作基礎：當心理治療師與前來諮商的當事人之間建立了安全型依附的關係，就有機會治癒曾經的創傷。

在書寫創傷的時候，可能有人不太記得過去曾經發生的事情，那麼你可以根據自己的依附類型回憶那些模糊的記憶。如果你是一個逃避型依附的人，那就請你盡量回憶。童年時，你如何與母親互動？你的哪些核心情緒被激發了？這件事如何使你成為逃避型依附的人？

不知道你在之前的書寫中感受如何？當你把成長過程中的問題寫出來後，潛意識就會連續釋放出許多記憶，也有可能你在練習的過程會做夢，這些夢其實都有重大意義。如果你能記得這些夢，把夢寫下來，也是非常珍貴的紀錄。

練習——回顧童年

請依據安全型依附、逃避型依附、焦慮型依附、混亂型依附的特徵，結合自己的行為做出判斷，自己可能屬於哪種類型的依附模式，原因是什麼？這個類型的行為特徵和心理模式又是如何影響你的親密關係？你的依附類型導致哪些核心情緒在你的生命中反覆出現？此刻，請邀請你的重要他人與童年期的你對話，並記下他對你所說正向而有力的話語。

＊　＊　＊

範文——與你疏遠非我所願

文／Rainbow

關於依附類型的理論，我很久之前就學過，只是之前一直試著用這些理論解釋自己孩子的行爲，卻從沒想過會用在自己身上。此刻，把這些依附類型放到自己身上來看時，竟有一種不可思議的感覺。

在非安全的三種依附類型裡，我幾乎在第一時間就能分辨出自己屬於逃避型依附。在我的印象中，我與母親之間的關係非常疏遠。母親自己也常說：「我家的這個女兒，和我一點也不親。」是的，我和母親的關係簡直是疏離。我經常和朋友調侃，我不能待在母親身邊超過一天，超過一天我就會無法忍受，我當年努力讀書就是爲了遠離母親。

小時候，大概在五歲左右，母親有時出差回來，就會把我拉到她身邊，問我想不想她。我那時年紀小，不會修飾，非常坦誠地說：「不想。」母親一聽非常生氣，然後數落我一頓。我是眞的不想，眞心不想。我害怕她出現在我身邊，母親一出現，我就感覺壓抑和緊張。我不知道我們之間的關係爲什麼會發展成這樣，直到今天，我也一直無法和母親親近。我無法像其他子女一樣挽著母親的手走路，和她睡同一張床，我也無法向她訴說任何發生在自己身上的事情，無論是好事或是壞事，我們之間打電話，除了基本的客套再無其他。

回想起來，到現在爲止，我還能記得僅有的幾次與母親之間的互動，都是以非常糟糕的結局收場。

有一次，我不小心傷到大腿，傷得非常厲害，血肉模糊，我忍著疼痛，哭著去找母親。母親正忙著生意，她看到我的樣子，臉上露出一副「妳又來惹事」的厭棄神情，狠狠地將我數落一頓，完全不顧我的疼痛。最後，還是大姊帶我找了一家小診所，隨便縫了幾針。後來，我連傷口縫線都沒去拆，至今腿上還有一道傷疤。每當想到這件事，我都不想跟她提起任何我的私事，我實在不喜歡母親那種數落和厭棄的神情。

更小的時候，我與哥哥吵架時，哥哥冤枉了我，我想跟母親解釋，可是母親還是一副厭棄、不耐煩的神情，完全不聽我解釋，就像壓根沒看到我一樣，忽略我的請求，任憑我獨自坐在院子裡歇斯底里地號啕大哭，一直哭到睡著。

我能夠想起來的大概就是這些事情。之後的日子裡，我幾乎可以獨自處理所有的生活瑣事，不需要母親操心。國中二年級父母離婚，母親離開，我便從此開始了幾乎遠離母親的生活，中間沒什麼聯繫，也沒有太多的想念，但我心底還是希望父母能夠重歸於好。

一切都已經過去，我們都沒有辦法再重來一遍。到了現在，母親年近七旬，大概也開始渴望與子女親近，只是我始終無法親近或靠近她。我選擇在一個距離母親最遠的城市生活，從空間上隔斷了我們之間的距離，並且在精神上，我也一直疏遠她。不得不承認，這是我人生非常重要的一個遺憾，但我竟完全不想改變，或者是我覺得無法改變。靠近母親、親近母親，這使我在生理和心理上都感到不舒服，我寧願永遠遺憾下去。是啊，這樣的母女關係，誰能不遺憾呢！

如果回到過去，我會對那個時候的自己說什麼呢？我會希望母親說什麼呢？或許是這樣的話語吧！

「孩子，媽媽當年一直忙於生計，沒有時間和精力照顧妳。能賺到錢讓你們吃飽飯，就是我眼前最重要的事。媽媽從小就沒有父母疼愛，所有的記憶都與饑餓爲伴，在我的生命裡，最重要的就是解決生計問題，我沒有更多心思去考慮吃飯以外的事。但是，媽媽心裡始終是愛你們的，只是我並不知道如何去愛，因爲我從來也沒有被父母深深愛過。所以，對不起，孩子，這已經是我所能做的全部了。」

對呀，母親已經做了她所能做的全部，她已經盡力了。如果我永遠活在過去的傷痛中，似乎對誰都毫無意義。放過自己，也放過母親吧。放下了，才能眞正地輕裝上陣，重新開始。

＊＊＊

寫作指導——將同情轉向自己

我們在本章進入了回顧童年的階段。我們都知道，童年對我們的影響至關重要。家族治療理論特別強調「安全基地」，就是指孩子內在需要一個足夠牢固的安全基地，往後才能夠放心地離開父母。如果照顧者能夠合理滿足孩子對情感連結的需求，孩子就會感覺安全，才能努力承擔風險，自信地向外探索世界，因為他有一個可以返回的安全基地。因此有安全感的孩子長大後，比較能與他人形成良好的依附關係。

依附類型影響人的一生，如果我們已經成長為非安全型依附的人，雖然透過心理諮商可以獲得一定程度的改善，但不可能完全變成一個安全型依附的人。大多數人都會存在一些非安全型依附的狀態。對於較重大的童年創傷，療癒書寫的作用可能有限，如果你有這樣的經歷，建議尋找專業諮商心理師的協助。

療癒書寫的幫助，可能更多是在於自我理解與自我同情。

對於大多數人而言，同情自我是不容易的。能夠同情並接納自己的人，他們會努力讓生活得更好一些。設想一下，當你感到心煩意亂的時候，你會希望得到什麼樣的對待，使你感覺好一些呢？是理解、接納、同情？還是苛責、批判、否定？當我們被看見、被接納的時候，我們的大腦就會平靜下來。

因此，你需要有一位能夠同理你的重要他人。如果你實在想不出來他能對你說什麼話，你可以試著想像，如果你很要好的朋友經歷了同樣的事情，和你有同樣的感受，你會說什麼或做什麼來安撫他。然後，你就可以試著將這份同情轉向你自己，把這些安慰的話語告訴正在痛苦中的自己，讓自己接受這份同情。你還可以做一些深呼吸配合練習，運用想像力，想像自己呼吸時是吸入「同情」，呼出「痛苦」，並在過程中觀察自己。你可以把自己的反應記錄下來。一般而言，如果你能好好同情自我，就能感到溫暖和放鬆。

對話篇

展開對話，產生療癒力量

回顧過往，我們自然會意識到主要照顧者（父母）帶來的議題。當然，執著於這些議題造成的痛苦，只會讓我們反覆捲入被傷害的漩渦，對自己內在的和解沒有太大幫助。但是，我們也不能強迫自己與父母和解，這樣做只會讓我們內心的衝突更嚴重。我們究竟該怎麼辦呢？

對話篇將為你打開全新的觀點和思路。我們不以和解為目的，而是帶著好奇來了解父母。讀完本篇，你也許會發現自己對父母和整個家族所知甚微。

與父親對話

把父親當成一個陌生人重新認識

對我們這個世代而言，父親的形象在大多數人心中是模糊的，或者也可以說，父親在家庭中是個隱形的存在。傳統觀念認為，男性養家的責任更重，因此參與家庭事務的時間和精力本來就比較少。然而，父親在家庭中隱形，不免會讓孩子與父母雙方的等邊三角形失衡，意即孩子會與母親產生更多的糾纏，父親則會主動或被動地從家庭中分離出來。阿德勒曾研究過父親在家庭中的功能，之後的心理學家經過多年研究，對於這一點已經有共識。

如果你已經成為父親，以下的內容對你也會有幫助。

父親對孩子成長的作用

許多男性想當然爾地認為，一位合格的父親首先要考慮的是能不能把孩子養大。

這也成了許多父親的藉口，自己只顧賺錢，陪伴孩子的事情就由母親完成。其實，父親與母親在陪伴孩子方面具有不同的功能，不可互相替代。

許多孩子小時候都玩過這樣的遊戲：爸爸把孩子舉高，孩子也渴望被爸爸舉高，覺得很刺激，但在一旁的媽媽則有點擔憂和緊張。這個遊戲對孩子的成長到底有何意義？

其實，孩子從父親的支撐中看見了世界，因為這樣的支撐，孩子才有機會看見平時看不見的世界；孩子從母親的眼裡看到擔憂和緊張，孩子知道，有母親的愛與關注，自己很安全。

再長大一些，父親會帶著孩子做些略有危險性的遊戲。父親穩穩地跟在孩子身後，帶著孩子前往探索，這個過程非常重要。因為有父親的陪伴，孩子才更有力量探索世界，同時也知道探索的邊界在哪裡，這就是父親「支撐的功能」。

父親還有一個功能，就是「英雄的功能」。我們小時候都會覺得自己的父親是英雄。在自己弱小無力的時候，我們發現父親輕鬆就能打開易開罐和啤酒瓶，有這樣的英雄在身旁，令人感到無比安全。我們希望自己的孩子長大後也可以具有英雄的內核，勇於接受人生的挑戰。這個內核的塑造來自於父親，誰也無法替代。

其實父親和孩子在一起，最重要的就是讓孩子具備探索的能力，養成開放的心態，同時也知道邊界在何處。

華人家庭裡，每個人都承擔著各自的責任：父親承擔著家庭的經濟責任，母親承擔著撫養與教育孩子的責任，孩子承擔著學業表現的責任，甚至還承擔了母親的情緒。每個人都在努力承擔自己的責任，沒有多餘的力量給予彼此支持，反而成為彼此負擔的源頭。

如果一位父親與家庭關係比較疏遠，平常沒有時間陪伴兒子，但在兒子犯錯時卻突然出現，並對兒子處以嚴厲的懲罰。這就相當於平常沒有在帳戶中存錢，卻在某個時刻要提領大筆的現金，父子的情感帳戶就會立刻呈現赤字。兒子可能記得父親對自己的打壓，心疼母親獨自操持家務，進而對父親產生反抗心理，讓憤怒的情緒在之後的人生中不斷延續。如果這個家庭的孩子是女兒，女兒也可能因為心疼母親而與父親對抗，女兒之後的親密關係也很可能重複父母的型態，會無意識地選擇和父親一樣的男人，替母親去恨男人，而使自己在親密關係中障礙重重。

此外，可能對孩子成長造成影響的因素還包括父親本身的性格缺陷，例如不知道怎麼跟孩子好好溝通。因此，我們在回顧過往時，要試著站在父母的時代背景去體會。

如何了解自己的父親

也許有些人已經很久沒有跟父親好好對話了。你與父親最近的一次談話是在何時？是在去年的春節，還是在昨晚？是在飯桌，還是在通話中？有些人在成年之後依然深陷於與父母的對抗當中，對父親視而不見，避而不談。這是因為我們還在用孩子的感受與父親對抗。父親究竟是一個怎樣的人，我們還沒有機會了解。如果我們作為一個成年人去了解另一個陌生的成年人，那在這個過程中，你也許會發現什麼，也許就會有一個生命對另一個生命的理解。

因此，如果把父親當成一個陌生人去了解，你想要了解些什麼呢？

我建議你可以安排一場與父親的談話，不需要是非常正式的場合，可以是飯桌上的小酌，或是吃飽飯閒話家常。在聊天中，你可以問問父親曾經的故事，尤其是你還沒出生前發生的故事。你可以從第三者的客觀立場去了解，這樣一個男人如何在原生家庭中成長，如何與你的母親相遇，以及他內心可能經歷了什麼。

當然，如果在這個過程中，你能找到父親的核心情緒如何與自己的核心情緒互動的模式，你就能更理解你的父親，同時也理解了自己。

以下為這場談話的要點，你也可以在這個基礎上進行擴展。

①了解個人

＊爺爺奶奶是怎樣的人？他們在什麼情況下結婚，對子女的態度如何？
＊父親選擇婚姻和職業的原因是什麼？父親的成就和困難是什麼？
＊父親最疼的人是誰？
＊父親最自豪和驕傲的是什麼？
＊父親最大的遺憾是什麼？
＊如果生命重來，父親想過什麼樣的生活？

②了解關係

＊父親與爺爺奶奶的關係如何？與其他兄弟姊妹的關係如何？為什麼？

＊父親與母親結婚的原因是什麼？

＊婚前婚後父親與母親的關係有哪些變化？為什麼？

＊父親對孩子的期待裡，包含了他對自己的期待嗎？這些是否影響了親子關係？

＊如果生命重來，父親最想修復跟誰的關係？

當然，這些要點不必全部涉及，你可以隨意選擇與父親聊天的切入點。如果你的父親是個情感疏離的人，他可能會迴避牽涉到情感的話題，這時你可以將這個話題先放一邊。總之，你要在輕鬆愉快的氛圍裡與父親聊天，帶著百分之百的好奇心，就好像你從來不認識這個人一樣。

練習——與父親聊聊天

請與自己的父親進行一次對話，可以透過電話、通訊軟體、郵件等方式，了解父親在童年、青春期、成年早期和中年階段令他印象深刻的事件，猜測這些事件如何影響父親與他的人生。如果你很難直接與父親聯繫，也可以採用迂迴策略，與父親的重要他人聊聊。

＊　＊　＊

範文——你的默默承擔成就了我們

文／佳婭

我聽媽媽說，爸爸小時候過得非常苦（當然，這些肯定也是爸爸跟她說的）。七歲的時候爸爸被送人，收養他的女主人不會生養，也不懂得如何照顧孩子，爸爸大冬天還要赤腳去放牛，兩隻腳上都是凍瘡。

爸爸跟我說過，他十歲的時候，曾經一個人回去自己小時候的家。可是，收養他的這户人家的大伯又來接他，他再一次被帶走。他和我說：「怎麼會這麼窮呢？三個孩子都養不活。」對於無法左右自己的命運，他心裡有許多委屈、無奈和憤怒，但這一切他又無能爲力。

爸爸的腦子很不錯，可惜養父母不讓他上學，這是他人生中一個很大的遺憾。因此，有了自己的孩子後，他讓每一個孩子都讀書，無論多難他都這麼做，並且不會因爲是女兒就剝奪讀書的權利。

爸爸和媽媽結婚的時候才十七歲，而且一結婚馬上就被奶奶趕出家門。奶奶只分給他們一擔小米，其他什麼也沒有。他們還要自己造房子。爸爸還是一個孩子呢，全部的生活就要自己張羅了。那時造房子是特別費力的大工程，木材都得自己從山上背回來，同時還要養活家裡的幾口人。從某種意義上說，這其實是爸爸的成人禮。但同時，他還要承受媽媽的埋怨。

爸爸和媽媽結婚得早，爸爸又一向沉默少言。爸爸常常爲了孩子吃飯發愁，每天早早出門，天黑了才回來，他要幹完活，帶柴回來，家裡才能燒飯吃。孩子都盼著爸爸回來，看到他回來就眼睛發亮，因爲爸爸回來後，再過一會兒才有飯吃。媽媽有時候會鬧，甚至回娘家，他又得去求她回來，因爲孩子實在太小了，他一個人顧不過來。

二姊考上職業學校的時候，應該是爸爸最開心的日子。終於有鯉魚跳出了龍門，不必風吹日曬就可以吃飽飯，好像所有的辛苦也都值了。所以當二姊說，要讓兩個最小的孩子跟著自己，他馬上同意了。畢竟如果再多出兩個有出息的孩子，這個家的命運就能有根本上的改變。

我沒有打電話給爸爸，也沒有打電話給其他人，寫完了之後，我發現爸爸眞的非常不容易。

＊　＊　＊

寫作指導——帶著好奇了解父母

正在閱讀的你，不必為了完成練習而練習，了解父親是一個漫長的過程，請盡量放輕鬆。我也花了超過四十年去了解我父親，而且每年都有新的了解。

我與父親的關係非常好，父親是我心裡的英雄，給了我許多鼓勵和支持。三十歲之前，我認為自己的問題都遺傳自母親，或是在與母親對抗時產生的。但是，當我打通了與母親的和解之路，發生了很神奇的事：英雄般的父親也跌落神壇。

這是一個非常奇怪的過程，好像人生的前三十多年，我自己內心的天秤從來就沒有平衡過。為什麼會這樣？因為在回憶中，感受是會被反覆加工的。這是我們大腦玩的遊戲，有些事情本身的真實性就有待考證。當我不斷地回憶父親對我多好，給我多少支持，我就選擇性地只記住父親對我的好，也襯托出母親對我的不好。這些都是切切實實地發生過，母親對我的不好真實存在。但是，父親也有不好的時候，母親也有好的時候，我的大腦卻選擇性地忽略這些相反的資訊。

還有一個非常關鍵的是，成年後的關係是互動出來的，有時我們在孩子面前呈現的狀態，其實是夫妻關係互動的結果。例如，父親做錯事惹母親生氣，我只看到母親張牙舞爪的樣子，卻不知道他們夫妻之間發生什麼。因此，當我帶著好奇了解我的父母時，我大腦中遭到扭曲的記憶慢慢地拼湊在一起，變成一個相對完整的畫面。之前我只看到結果，但現在我看到更多的原因，我開始接受真實的父母，也從人性的角度理解他們。其實，所謂「母親對我的不好」，背後可能是夫妻關係不好，其中父親也有做得不對的地方；而所謂「父親對我的好」，背後也可能是母親有所支持。

我們需要帶著好奇去了解父母，了解家族，就會發現許多未知的內容。如果你的親人已經不在世，沒有機會了解，你也可以在能力範圍內，尋找相關的親人。這樣的對話是將對方當成一個普通人，帶著好奇去了解和觀察對方到底是一個怎樣的人，也許你會有新的發現。

與母親對話

了解母親為什麼成為這樣的母親

在我平時的諮商中，因家庭和婚姻困擾前來諮商的人佔了大宗，其中最常見的諮商是關於出軌問題。大多數女性當事人會表現出憤怒和不知所措的茫然。但是，有一位當事人不一樣，即使面對丈夫頻繁出軌，她也沒有因此和丈夫吵架，只是默默傷心，覺得丈夫能夠回家，她就非常滿足。在親密關係當中，她並沒有把自己放在一個和對方平等的位置，她把自己放得很低，即使對方侵占了她的利益，她仍然表現得委曲求全。大多女性當事人的情況沒有這麼極端，她們在生活中總是把丈夫、孩子照顧得很好，卻捨不得為自己買一件好東西。對這類當事人而言，低自尊已經深入骨髓。

這些案例和低自尊的現象，與本章內容有什麼關係呢？在我的觀察中，女性的低自尊現象往往大幅受到母親的影響。女性覺得自己不夠好，甚至對自我身分認同有障礙，極有可能是女性在心理發展階段上，還停留在與母親共生，或是與母親競爭的階段。

本章內容可能會引發一些人記憶深處的情感。在我諮商過程中，許多女性在表達自己對丈夫的憤怒時，就只是憤怒，但探索到自己的原生家庭，尤其是自己的母親時，往往會泣不成聲。到底誰是讓我們最心痛的人，誰是影響我們最深的人，不言自明。我們看見自己在重複母親的命運，但我們只有在心裡擁抱母親，這份痛苦的輪迴才能停止。

女性心理成長的特殊路徑

女性的心理成長比男性更複雜一些。男性從出生起就在心理層面沒有離開過母親，他只需要漸漸讓父親進入他和母親的世界。而女性需要經過離開母親，走近父親，再走回母親的心理發展階段。如果一位女性在成長的過程一直停留在認同父親、抵抗母親的階段，就會使她不斷陷入與母親的女性競爭，另一方面也可能出於對男權的認同，瞧不起女性群體。

如果父親在女兒的成長過程中，並未給予鼓勵和欣賞，而是以「家長」的身分進行壓制或侵犯，女兒就會成長為被動、沒有自我的女性。因為她沒有被賦予自由和權利，只能認同父權、依附父權，才能獲得生存和發展的保障。因此，母女愛恨交織的關係其實是來自於渴望男性的肯定，擴散到整個社會，就是需要父權文化的肯定，這也讓女性一代代陷入無盡的輪迴當中。

在所有的家庭關係裡，母子關係，父子關係，父女關係，都不如母女關係複雜。母女關係實質上就是女人與女人之間的關係，是一個女人對另一個女人的影響。對母親的貶低，事實上是對自己女性身分的貶低；與母親的競爭，實際上是對自己的不自信。許多女性成長之後，會發覺自己與母親越來越像，也就是自己認同了自己不喜歡的母親，他們會因此生氣或心生抵抗。但母親又是他們生命的根源，如果不去面對，就無法面對自己內心的愧疚，這也是許多人在成長過程中都會陷入的困境。

我在心理諮商接待的大多是女性，因此我對母親和女兒的關係有一定程度的研究。當然，這也與我自己的經歷有關。對女兒而言，母親是無可迴避的人物，女兒對母親的情感往往是既愛又恨。

在一次我參加的團體治療中，一位女孩想起自己的母親，突然情緒激動，老師讓她選出一位同學代表她的母親。女孩示意讓這位同學坐遠一點，直到視線被另一個同學完全擋住。她嘴裡不斷唸著：「我不想看見你，不要看見你，離我遠一點！」但就在她「母親」完全被擋住的一瞬間，這位女孩淚如泉湧。當老師問這個「母親」的感受時，這位同學對女孩說：「當你讓我坐遠一點時，我有些憤怒；當我完全看不到你時，我以為我會傷心，但我好像只是害怕，我怕你，我不敢看你。」聽到這句話的女孩癱軟在座位上，泣不成聲。

這個場景很像現實中的母女關係。女兒恨自己的母親，但少了母親又覺得少了什麼。已經年邁的母親面對女兒的時候，只會用原來的方法相處，被女兒推開時又感到手足無措。女兒與母親之間的和解之路有多難走，每對母女都清楚。

母親對嬰兒心理發展的作用

當我們在童年時期心理發展受挫，受挫的地方就會形成一套應對機制，久而久之，這套應對機制就構成我們應對外部世界的防禦機制。

最初的防禦機制源於早期的母嬰關係。如果嬰兒時期在母親懷裡體會到積極關注和溫柔呵護，這份安全依附也會被複製到親密關係當中。雖然母親與嬰兒的配合確實有助於嬰兒成長，但更重要的是嬰兒的先天性格與母親天生母性的互動。在母親和嬰兒構成相互作用的系統中，一個人的行為會影響和強化另一個人的行為。因此，孩子對母親的影響可能反過來影響母親對孩子的反應，進而影響孩子的後續發展。如果母親的性格不利於孩子的發展，那麼發展受挫的孩子又會讓母親的狀況惡化。這是一個封閉的循環系統，因此，最終的不良關係不能歸因於單獨一方。

同時，每個人都有先天氣質。如果一個人天生敏感，看著父母的臉色長大，那麼他與重要他人形成的互動經驗就是「我不被愛」、「我沒有價值」，產生的防禦行為就是退縮和拒絕。在親密關係裡，只要不被愛的感受被喚起，這樣的人便會主動切斷關係，推開對方。

過於強調父母的影響會使我們選擇性忽略自己的先天傾向。許多人喊著要與父母和解，但總是無法進行下去，最終可能都是因為沒有管道釋放負面感受，以及不敢面對自己先天的性格傾向。

與母親的和解之路

如果你發現自己受到許多母親的影響，首先，你要盡可能終止這樣的影響。如果你在青春期經常受到母親的指責和打壓，現在就要停止讓自己繼續活在那種狀態裡。你要學會療癒與安慰自己。如果你的母親現在仍然以這樣的方式對你，你要意識到這是母親的局限，你要允許母親做自己，同時明白這麼做並不會傷害你。

當你的內心越來越強大，你會有一股好奇和力量，可以去了解母親為什麼成為這樣的母親。這樣你就能進入現在的階段，了解我們的母親。

要撥雲見日看見我們與母親彼此深刻的愛，並不是件容易的事。我與自己母親的和解之路，也經過了幾個過程。母女和解的最後一個階段，也許是一場衝突帶來的。我曾和母親發生激烈的衝突，當下我們彼此宣洩憤怒和不滿，伴隨著淚水和悲傷。兩個人都發洩完之後，我們都感受到彼此深深的愛。在這之前，我們都小心翼翼地迴避這些不滿，各自怨恨但又無法面對。

如果你願意活在童年創傷當中，無論做多少心理治療或是參加多少成長課程，都可能會面臨三種結局：一是消除障礙、重建關係，這是比較理想的狀態；二是與母親恢復了關係，但無法像其他母親與孩子那樣親密；三是母親自己的狀態十分糟糕，你們無法和解，但你可以不讓母親影響你的生活。

這三種結局沒有對錯優劣之分，而是取決於你自己的成長階段。

你可以試著了解母親，不以和解為目的，而是以好奇為出發點。這個最熟悉又陌生的女人，她在當年的處境中，如何長成了今天這個樣子？那些與你的互動帶給你的傷害，母親可能帶有怎樣的立場與角度？也許，你會從另一個角度更認識你的母親。

練習——聽聽母親的故事

如果可能，請你打電話給自己的母親，不用發表任何觀點，只需要聆聽，請她跟你聊聊作為一個女人的婚姻和人生，你有什麼新發現嗎？如果有，請記錄下來。當然，如果你與母親的關係非常疏遠，這個練習量力而為就行。

＊　＊　＊

範文——BB CALL和「金絲軟甲」

文／李詩怡

提起我的媽媽，鼻子突然酸酸的，閃入腦海的是她兩鬢的白髮，明晃晃地刺痛著我的心。從小到大，幾乎每個人都說，媽媽是我的姊姊，看起來那麼年輕，直到今天也是這樣。然而，我們都知道，媽媽已經老了。從前，媽媽辦事很機靈，可是今年三月我們去貴州旅遊，媽媽卻把我的證件搞丟了。那天我們正要去千户苗寨，到了苗寨門口，一直保管著全家證件的媽媽卻怎麼也找不到我的。我生氣地抱怨，媽媽雖然戴著口罩，還是可以看出她的臉都漲紅了。她被我大聲吼得愣住了，一句話也沒有說。

我平復心情之後，心痛的感覺又來了，後悔自己不該對媽媽那麼大聲，同時我心裡也涼涼的，媽媽老了。

在我很小的時候，爸媽就離婚了。上小學時，有幾年我都是住在奶奶家。記得一到放學時間我就哭，因爲全班同學都有父母來接，就我沒有，我要一個人走路回奶奶家。當時九〇年代流行BB CALL，我想媽媽的時候，就會含著眼淚，反覆唸著媽媽的BB CALL號碼，有時候實在忍不住給媽媽打個電話，媽媽卻說她在忙。聽到她這樣說，滿肚子的「媽媽我想你」就吞了回去，默默地掛上電話。三十年過去了，現在早已使用了智慧型手機，但我還留著媽媽的BB CALL，這個BB CALL是我和媽媽聯繫的紐帶，我深怕弄丟以後，就再也找不到媽媽了。

媽媽有時候會來奶奶家看我，我的耳朵很尖，能準確地分辨是不是媽媽的摩托車來了。記得有一次媽媽來看我，我趴在媽媽的膝蓋上默默地流淚，一句話也沒有說。最後很晚了，媽媽不得不走了，我強忍著淚水和媽媽說：「下次早點來看我。」媽媽應了我一聲：「好。」其實我們都知道，下次不知道是什麼時候。

我從小身體就弱，長大後學了心理學自己分析，這大概和想念媽媽、想得到媽媽的關注有關。因為只要我一生病，媽媽就會帶我去看醫生，我就可以見到媽媽，和媽媽在一起。印象最深的是，我小時候經常偏頭痛，媽媽很緊張，害怕我得了腦瘤。當時我不知道腦瘤是什麼，只感覺可能是一種很嚴重的病。後來去醫院做了電腦斷層檢查，什麼也查不出來，但我還是會偏頭痛。我很感謝自己的偏頭痛，因為只要我頭痛，媽媽就會帶我去看醫生，就會陪我了。

我很愛媽媽，然而當我小學五六年級進入青春期之後，我變得非常叛逆，總是和媽媽吵架，因此少不了挨媽媽的打。因為如此，我又變得很恨媽媽，非常討厭她，甚至用惡毒的話語咒罵她。雖然我很貪玩，可是我從小到大都是資優生，語文和英語經常考第一，上大學也是拿了獎學金。二〇〇八年我考大學塡志願，在和爸爸商量後，填了師範學院，我很開心，因爲可以離開這個家，再也不回來了。可是媽媽哭了。當時叛逆的我根本不在意媽媽的眼淚，只顧著沉浸在自己考上大學的喜悅中。

離家上大學時，外婆和媽媽給我準備了大包小包的行李，羽絨衣好幾件，毛衣、毛褲都是外婆和媽媽親手織給我的。有這樣一個傳說，如果親生媽媽給自己的兒女織毛衣、毛褲、圍巾、做衣服，這些都會是金絲軟甲，保佑子女平安，讓一切邪靈不能接近。我相信這些。到了三十一歲，我冬天穿的依然是外婆和媽媽親手織給我的毛衣毛褲。這是他們的心血，更凝結了他們對我的愛。

媽媽長得很漂亮，鼻子巧而挺，嘴唇秀氣，眼睛也漂亮，還有美人尖。我是家裡三代人中長得最醜的，雖然大家都誇我很美，五官長得很精緻，可是和媽媽比卻差得遠了。媽媽總是教導我，內在美才是永久的，女孩子心地要善良，眼睛才會漂亮。我生了一雙鳳眼，非常嫵媚動人，但媽媽很不喜歡我這樣斜眼看人，她說這樣子很難看，面容也扭曲，一點都不像她的乖寶貝。我有時候故意氣媽媽，翻白眼給她看，媽媽傷心，我也不快樂。

我大學第一個學期回來時，全家人去KTV唱歌，媽媽點了一首《兒行千里母擔憂》，一邊哭一邊唱，我也聽哭了。一起去唱歌的鄰居李阿姨和我說：「詩詩，你媽媽很愛你的，你去上大學後，她每次經過你們高中，看到那些學生蹦蹦跳跳地出來，她都會哭。因爲以前你也是這樣蹦蹦跳跳地走出來。」我的眼淚再也忍不住了，在KTV哭得泣不成聲。我暗暗下決心，一定要好好學習，不能丟媽媽的臉。而我也實實在在地做到了。

雖然我是單親家庭的孩子，可是媽媽給我的愛一點都不少，在物質上，我過上了比上不足、比下有餘的生活。媽媽經常帶我去國內外旅遊，希望我增廣見聞、開闊眼界，這樣才有格局和高度。我覺得我媽媽是世界上最有智慧、最睿智的媽媽，非常開明，雖然沒有讀過書，卻有獨特的審美、高雅的品味、深邃的思想和高深的見地。

從前，我怨恨媽媽，爲什麼把我生在這樣的家庭裡，現在學了心理學之後，我更能理解媽媽了。看到媽媽供應我各種資源，我體會到媽媽對我的愛。我的媽媽眞是超人，更是活菩薩，有媽媽在，我就是全世界最富有的人。

＊＊＊

寫作指導——後退一步看和解

本章練習的困難之處在於，我們即使想要和好，只要母親一個眼神或一句話，就能輕易挑起我們的情緒，讓我們與母親的關係陷入惡性循環。許多人認為本章練習最難的就是，自己在面對母親時一直有情緒起伏、無法平靜。當然，能讓我們情緒起伏的，通常就是我們在乎的人。愛之深，恨之切。

我與自己母親的和解之路，也走過幾個階段。在第一階段，對我而言堪稱里程碑的事件，就是我學會將自己的情緒抽離出來。

我們一起回顧一下這個事件。

有一天，我在開車時突然接到母親的電話，我迅速把車停在路邊。電話剛接通，我接收到了排山倒海的抱怨和指責（你可以想像一個非常情緒化的開場白），這時我已經很憤怒了。在這個階段，我們雙方都表現出自然的條件反射。

我問：「你到底怎麼了？」

母親說：「我穿著棉褲，端著一盆要泡腳的熱水，然後腳底一滑，水灑在棉褲上，我整條腿都被燙到了。」

我本能地說了一句：「哎唷，那不是很痛嘛！你現在還好嗎？怎麼那麼不小心！」作為親人，這種表達十分常見。

結果母親說：「還不是因為你，因為你讓人不放心，都是你害的。」

我聽到這句話，首先是迷惑，我跟母親隔了幾千里，到底要怎麼影響她？其次是憤怒，母親為什麼這樣莫名其妙地指責我？

但是，我做了一個非常大的改變，我突然意識到自己需要接住母親的情緒。在那個瞬間，我感覺自己整個人從那場對話中抽離出來，看著正在打電話的那個「我」對母親說：「聽起來真的好痛啊！你說說看，這麼痛和我有什麼關係？」

母親接著抱怨：「還不是因為我在端水的時候想你過得好不好，想著想著，一恍神就沒注意腳下了。」

聽到這裡我就理解了，這是母親自己情緒化的表達，她已經習慣這樣表達自己的感受。當然，後面的談話就是我不斷同理她的感受，問一些細節性的問題。例如，褲子燙濕了以後怎麼處理？燙傷怎麼處理？爸爸怎麼幫忙的？我問得非常仔細。

其實在這個部分，我已經完全脫離了女兒的角色，而是以一個諮商心理師的身分在與母親聊天。雖然把電話掛掉以後，我還是非常憤怒和傷心，但當時的談話狀態是我們之前所沒有的。這次我先安撫好她的心情，理解並體諒她，反而最後母親還反過來寬慰我，要我放心，接著就掛了電話。我能感覺到母親接收到我對她的理解和關愛，而一旦她接收到這些，埋怨也就不復存在了。

因此，和解的第一步，就是盡量在與父母的情緒對話中把自己抽離出來。如果你做過心理諮商，回想一下你的諮商心理師也不會被你的情緒捲入；或者如果你是諮商心理師，想想你會怎麼對待你的當事人。開始和解的階段，這一步可能對你至關重要，突破了這一關，你才真正走上了和解之路。

與家族對話

從家庭的情緒系統解放自我

當你梳理完與父母的關係後，你對他們是否有新的發現和理解？現在，我們要在了解父母的基礎上，再更進一步——重新審視整個家族。

對個體而言，最重要的情感關係是家庭關係，而夫妻關係則是家庭關係的核心。只有父母相愛，孩子才會感到安全與自由，並且放心做自己。因此，梳理完自己與父母的關係之後，我們來看一下父母之間的夫妻關係，以及他們的夫妻關係可能對我們產生的影響。你可能會發現，父母之間的互動模式也可能是傳承自他們的原生家庭。

未分化的情緒會代代相傳

如果我們往上一代追溯，甚至是更早的先祖輩，我們會發現許多代代相傳的現象。我在做家族治療的時候，尤其在修復父母關係的階段，一旦當事人了解到父母身上發生了什麼事，他也會連帶發現家族傳遞了一些無形的東西，除了基因和相處模式，父母無意識地繼承的還有「未分化的情緒包袱」。

什麼是「未分化的情緒包袱」？家庭是一個情緒系統，這套系統控制了家中每個成員的行為。如果把家庭放在幾代人或歷史的框架之下，我們可以更好地理解當事人的行為。

一個人的成熟，其實是自我分化的過程。自我分化非常重要的一步，就是將個人從家庭的情緒系統中解放的過程。意思就是說，當情緒受到壓抑的時候，個體能夠尊重並遵循自己的價值觀採取理性的行動，而不是讓家庭的情緒來驅動自己。許多時候，我們個人的行為不是被理性所支配，而是受到家庭情緒的影響。如果一個人還正在自我分化的路上，就會處於兩股力量之間。我們一方面想擺脫這種情緒，活出獨立的自我，另一方面又時時刻刻被這種情緒拉回去，因而始終處於矛盾的狀態。

有一些情緒是個人成長過程累積的，但有一些是家族中未分化的情緒包袱，也就是一些被繼承下來的核心情緒。例如，父親對原生家庭充滿愧疚感，於是不斷為原生家庭付出，妻子感到丈夫的缺席而有許多抱怨，這個家庭的孩子長大後，在他的意識狀態裡就會心疼母親，同時也會怨恨父親。孩子長大成人後，也會無意識地在自己的婚姻中重複父親的行為，心思都放在原生家庭上，因為心疼媽媽而充滿愧疚。因此，放到代與代之間看來，愧疚感是這個家族不斷再現，並且「強迫性重複」的重要情緒。

當然，除了情緒上的代際影響，家庭中可能還有三角關係、手足競爭、家中排行等影響，這些都有待我們深入探索關於家族的過往。

家系圖——了解家族的工具

家族治療中，諮商師經常會使用工具幫助當事人了解自己家庭中尚未分化的情緒，進一步理解父輩和祖輩中，有哪些核心模式被繼承下來，這個工具就是家系圖。家系圖以圖示表現一個家庭的相關資訊，顯示家中三代以上的關係，這種示意圖可以從生物學、心理學和社會學等多方面提供有用的資訊，幫助我們識別家人和家族成員的情感模式、行為模式以及代際傳承現象，讓我們更加了解我們的出身。

我們一起來學習如何製作家系圖。其中一些基本資訊和製圖符號，如圖3所示。

【圖3 家系圖繪製規則及圖例】

家系圖繪製規則及圖例

・繪製家系圖所需資料・

- **家族成員基本資訊：**
  性別、年齡、職業、存歿、婚姻狀況、孩子、手足順序、
  情緒與行為特徵（每人用三個詞彙表示）
- **關係：**成員關係的親疏遠近、矛盾及居住狀況
- **特殊情況：**暴力、身體疾病、精神障礙、流產、祕密、禁忌、死因等

・關係程度標誌・

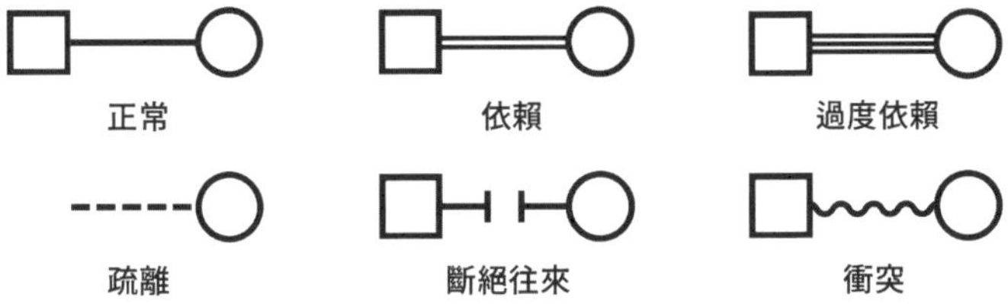

・常用符號・

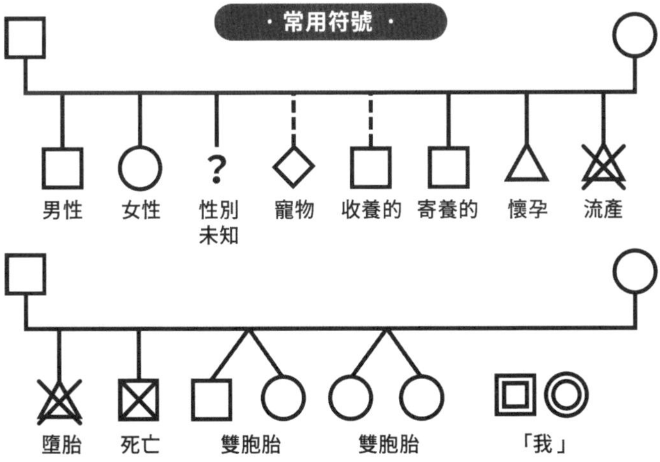

接下來，我們以圖4為範例，說明家系圖的繪製方法。

【圖4 家系圖範例】

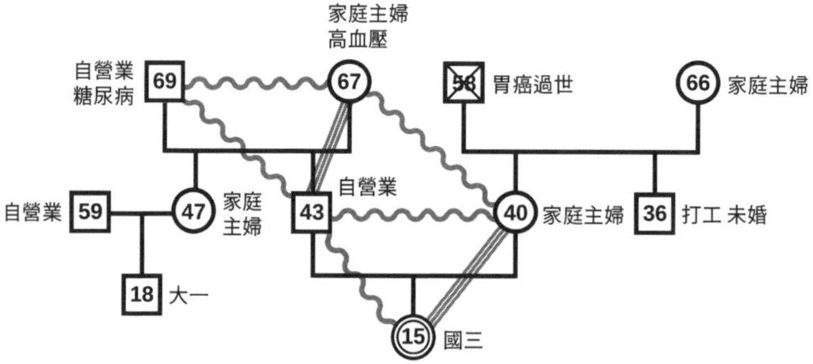

當事人是一位十五歲的女孩，我們就先畫一個圓圈，因為她是當事人本人，因此外面再畫一個圈。記住，這個代表「我」與其他人的區別。

她的父親四十三歲，男性用一個方框表示，旁邊有一位四十歲女性，是女孩的母親，以圓圈表示，這位女孩是獨生女。再往上看，母親旁邊標示了「家庭主婦」。

這位母親的原生家庭是什麼情況呢？這位母親排行老大，後面還有一個弟弟，弟弟三十六歲，打工，未婚。我們畫圖的時候，要注意按照出生的時間順序，依次從左向右畫。再看外公外婆的情況，外公五十八歲死於胃癌，方框內有個叉，代表已經亡故。旁邊是女孩的外婆，外婆六十六歲，一個圓圈旁邊寫著「家庭主婦」。我們發現媽媽和外婆都是家庭主婦。

我們再來看父親的原生家庭。父親在家中排行老二，前面有一位四十七歲的姊姊，是家庭主婦。祖母六十七歲，也是一位家庭主婦，可能患有高血壓，祖父六十九歲，患有糖尿病，當事人的祖父祖母身體都有問題。父親的姊姊有一個剛上大學的十八歲兒子。

這就是一個家系圖描繪出的基本資訊。方框和圓圈畫好後，家系圖中還有一些直線和曲線，這些線條代表家庭中的人際關係，人際關係的模式就暗藏著情緒互動。

我們回到這位十五歲的女孩，她和父親之間有曲折的線條，代表她和父親有衝突。她和母親之間有三條直線貫穿，這說明了什麼？一條直線代表關係正常，兩條代表依賴，三條就是過度依賴。在這個家庭裡，母女二人的共生依賴現象非常嚴重，父女之間的關係又互相衝突。因此，家庭裡的三角關係就一覽無遺了。

繼續往上看我們會發現，女孩的父親和祖父之間是衝突的關係，祖父母之間的關係也是互相衝突，祖母和父親之間也是共生依賴關係。因此，這裡呈現了家族三角關係的代際傳承現象。我們可以發現，婆媳矛盾也是非常明顯。

看到這裡我們就能理解，這位父親為什麼會遠離妻子，跟孩子起衝突，因為他的原生家庭就是如此，因此他在潛意識裡就把自己的家庭塑造成跟原生家庭完全一樣的場景。

再來看女孩的母親，母親其實也重複了在原生家庭的場景，自己也是家庭主婦。同時，母親在原生家庭裡排行老大，我們或許可以推測，她會不會非常照顧自己的弟弟？由於她丈夫在原生家庭裡也是一位弟弟，因此，這裡會不會有一些投射（延續原生家庭中姊姊的功能），讓母親找了一位可以讓自己照顧的人作丈夫？無論具體情況如何，我們很明顯地看到代際重複的痕跡。

這就是整個家系圖的製作。畫完自己的家系圖，你也會對自己和整個家族有更多的了解。

繪製家系圖也需要遵循一些規則。

首先，家系圖至少要畫三代人，而且要有兄弟姊妹的排行，因為排行對一個人的性格塑造和人際關係中的角色和功能非常重要。其次，圖中要標示年齡，如果家人已經去世，去世的年齡也要標上。再來就是，圖中要標明結婚日期，或者是分手、離婚的日期。最後，如果彼此之間關係良好就用一條橫線表示，有衝突就以曲線表示；如果夫妻已經離異，就在一條直線上畫兩條斜槓。

感興趣的話，你也可以繪製自己的家系圖。如果你對自己的家庭情況不是非常了解，請一定要問問你的父母，並試著找出家系圖中的代際傳承現象。

家書抵萬金

到這裡，我們將之前的療癒之路做一個總結。

當我們注意到，自己的生活仍然被過去的創傷影響時，我們可以經由書寫發現那些核心情緒。這些核心情緒就像是生命中的底色，我們眼下能做的，就是降低濃度與反應速度，藉此減少對我們的影響。

在不斷書寫的過程中，我們找到自己的核心情緒，或許就隱藏在我們的主要照顧者身上——也就是父母親的關係中。回顧他們人生的過程，我們可能會對生命中的痛苦有另一層理解。現在我們還需要再做一件事情，就是在理解後，為自己的療癒做一個收尾：**給自己的重要他人寫一封信**。

重要他人可能是父母，也可能是代替父母角色的主要照顧者。當然，如果你還沒有準備好給父母寫信，你還有別的選擇。回顧過往的各個成長階段，我們在每個階段都會有一個重要的關係人，他們在我們的人生中提供了許多支持，你也可以寫一封信給這些重要他人。至於要不要把這封信交給對方，由你自己決定。因為寫這封信並不是為了對方，而是為了你自己。

書寫是為了更好地完成分離

我們為什麼會受到這些創傷和情緒所控制？

心理學將一個人走向成熟的過程，稱為自我分化。對於父母而言，如果我們抗拒父母對我們的影響，我們可能會埋怨父母，或者迴避，切斷與父母的聯繫。這樣的過程並不舒服，因為我們會覺得自己背叛了父母，在這種狀態下，我們將能量用於對抗，其實關注的焦點還是在對方身上，結果就是我們與父母的情緒仍然處於共生狀態。

因此，自我分化之路應該怎麼走呢？

在自我分化的道路上，我自己也摸索了許多年。經過一路探索，我深刻體會到，我們要和解的對象可能並不是父母，而是記憶中烙印下的感受。

首先，我們需要對自己的情緒有鮮明的洞察力。

我們要對過去的創傷負責，不能一味怪罪身邊的人，畢竟掌控回憶的人是我們。

如果我們只是肆意把這些感受以指責的姿態還給父母，他們不但不會接受，甚至可能陷入自責中，徒然增加我們的愧疚感。也就是說，眼下對感受負責的人不是父母，而是我們自己。

我們跟隨本書的引導將傷痛書寫出來，在生活中開始覺察曾經反覆出現的情緒，其實就已經養成了很好的習慣。如果跟之前相比，情緒出現的強度和頻率已經降低，雖然情緒不會徹底消失，但已經有效降低了我們對同類事件的反應程度。當有事件再次激怒我們，我們也不會像原來一樣消極地反應，而是會覺察到「這個熟悉的感覺又來了」，從而改變我們的行為。

因此，在寫給重要他人的這封信裡，我希望你可以把探索到的核心情緒再仔細地描述一遍。無論這位重要他人曾經影響你多少，你都可以用一種表達感受的方式還原那份傷痛。

當我們把這部分描述出來之後，接下來要書寫什麼？

其實，我們在回顧父母人生時，一定會有些新的發現。我們開始有能力感覺到，父母正以笨拙的方式表達愛，這是他們那個世代的模式。因此，**試著把父母錯誤的行**

為與他們本人分開，把父母對我們的傷害與愛分開，我們就不再是一個「孩子」了。

我們要把精力放在持續成長，並且學習用對的方法表達愛。在信的第二部分，請你站在父母的角度，試著表達你對他們的理解。你也許會從家系圖中看到，他們也是原生家庭的受害者。如果站在受害者的位置，你是否對他們有多一分理解？當然，如果這份理解還沒有發生，請不要勉強自己，千萬不要把和解當作一個任務。

在這封信當中，你已經表達了自己的感受與理解，如果你還能繼續寫下去，我希望你也能看到父母供應你的資源與力量。這並非要求你表達感恩。當然，如果你能夠表達感恩，那也不錯。但是在目前的階段，我只是希望你能看到自己從父母身上所繼承的並非只有創傷。如果可能，請把這部分也書寫出來。

當然，如果在現實生活中，你與父母和解的路上已經完成了這一步，我希望你可以帶著好奇心邀請你的父母回顧他們的一生。當父母還在世的時候，這樣的對話非常重要。面對生命的無常，他們有一些急於和子女訴說的話語。如果可能，請你給父母一個表達的機會。

練習——一封家書

請你以這樣的對話開頭：「親愛的爸爸媽媽，我有些話想告訴你們，但一直沒找到合適的機會，此時此刻，我希望能夠慢慢地講給你們聽……」這封信不必發出去，你可以只留給自己看，但寫完後，一定要大聲地讀一遍。

* * *

範文——恨意中的愛，讓人羞愧

文／小米

實在慚愧，光是「親愛的」三個字就卡住了。對於爸爸媽媽，我暫時無法用這三個字。在我們家，一直都是用打壓的方式來表達愛，坦然地表達愛讓人很不好意思，好像整個屋子籠罩的都是羞愧感。被對方看出自己的愛意，就是羞愧的。我到現在也沒想明白爲什麼。因爲我愛你，所以我就低人一等，卑躬屈膝了嗎？我不確定。

媽媽：

你走了快兩年了，我依然會夢到你。我的生活中有一半都是你。你走了，我就只記得你的好；你活著，我就總是抱怨你的不好。現在我也慢慢知道，你很愛我，但許多時候並沒有我以爲的那麼愛我，可能你自己都不知道這個殘酷的事實。例如，你不理解我的心思，總是誤解我；你總是被爸爸教唆，你們一起向我施壓；你在我面前抱怨爸爸、表揚我，引誘我站在你這一邊，以爲全是爸爸的錯，以至於我現在都只能看到爸爸在你眼中的形象。如果你們有矛盾，爲什麼你們不自己好好解決，非要把我這個不懂事的孩子拉進去。這讓我早早就形成對爸爸的偏見，一直走不出來。我承認，爸爸也有他的問題，但不至於全是他的問題。有時候你爲他辯護，我都覺得你好傻、好欺負。現在，我才漸漸意識到，我被你誤導了。你至少應該好好解決問題，而不是拉著我緩解衝突、迴避問題。這導致我現在對爸爸又害怕、又愧疚。我也變成逃避與爸爸相處，盡可能避免衝突，和爸爸在一起就像缺氧的感覺，既壓抑又愧疚，還有怨恨。你也給了我許多力量，教會我勤勞、堅強、善待自己的需求。因爲你的局限，你沒能拯救自己，早早失去了生命，還給我留下了恨爸爸的心結，我很心疼你，也可憐我自己，因此我想打破這個僵局，我不想成爲你，至少我想過得比你開心一點。我不願意繼續代替你和爸爸糾纏，我想你也不願看到我不開心。希望你能理解我，繼續給我力量，祝福我越來越好。

爸爸：

這兩天沒怎麼和你說話，因爲真的無法開口。我總覺得你欠我一個道歉。從小到大，媽媽都說：「你很愛我，只是沒說出來。」但她越這麼說，我就越生氣。在我眼裡，你就是一座威武冰冷的山，無法靠近。你對我的愛都是讓我不要這樣、不要那樣，幾乎沒有一句讚美，而你的解釋是：「愛是在心頭，不是天天掛嘴邊。」因此，直到現在，你都在默默地做事，爲我分擔，卻也滿臉憂愁和不喜歡我的樣子，好像我欠你錢一樣。這樣的狀況讓我無所適從，也很想逃離。我想和你保持距離，這樣我才能自由呼吸，你也能暢快一點。和你在一起的感覺就像便祕，胸口好悶，我不知道這是不是媽媽生病的原因。我想說，你這樣不快樂，我也不快樂，這樣的狀況其來有自，我盡力了，也幫不了你，我想盡孝道，因此我得減少被你影響。你最大的缺點是忍耐，最大的優點也是忍耐。我學會了一些，但是我想有所精進。我希望你能開心一點，不要老是爲雞毛蒜皮的小事糾結，這點可能是像爺爺。還好奶奶豁達，我們最好都向奶奶學習，這樣或許可以健康長壽。

＊＊＊

寫作指導——理解最難理解的父母

我曾經在帶領一個小組活動時，有位女性表達了她對父母的怨恨。站在她的角度而言，她確實經歷了許多不公平的事，這些都是父母的無知帶來的結果。但是，小組的另一位男性則完全無法理解她的想法，反而用講道理的方式告訴她：「父母有他們的局限，你不應該這樣怨恨父母，而是應該感恩他們給了你生命，然後按照自己的力量成長。不要拘泥於他們帶給你的傷害，因為他們活著也很不容易。」站在這位男性的角度而言，他說的每一個字都是正確的，因為他在一個非常有愛的環境中長大，說這些話也順理成章。在此我們能明顯地看到，這是站在兩個世界的人。這位女性對這位男性的不解莫可奈何，而這位男性也實在無法理解這位女性的不容易。

> 真正的理解只能發生在兩個有共同或相似經歷的人之間。

在諮商室裡也是如此。對於讓當事人痛苦的事件，如果我有過類似的經歷，這份感同身受就會特別有力量。感同身受能使對方感受到被支持與理解，這就是對眼前這個生命最好的鼓勵。

每個人的人生經歷都不一樣，但人生經歷帶給我們的感受卻很相似，快樂、悲傷、沮喪、憤怒、無助、痛苦等都是人類本能的情緒。如果一個人正處於離婚的哀悼期，這時他迷惘無助的感覺就和失戀或失業後的迷惘是相似的，即便你沒有離過婚，但在那一瞬間，那種無助、不能把握未來的恐慌，你也是經歷過的。在感受的層面上，我們可以給予對方深刻的回應，告訴對方：「我理解你的感受，我也曾經這樣痛苦過。」在這個時刻，你就能跟對方真正站在一起了。

本章的最後寫上這樣一段話，其實是想告訴你：當你走完與父母的和解之路，尤其在理解了他們的不容易，也心疼他們的過往後，或許就能培養出寬厚的同理心。這絕不是一蹴可幾，而是慢慢擴展而來。當你理解了最難理解的父母時，你便能理解天下人，懂得天下人的苦。

終結篇

重塑自我，完成心理蛻變

看到這裡，你體會到療癒書寫的神奇之處了嗎？多次接觸核心情緒之後，我們會看到一些奇蹟：核心情緒似乎沒有原來想像的可怕；在生活中，我們的覺察能力越來越強，就能越敏銳地感受到核心情緒的模式。最重要的是，當身邊的人再用原來的方式對待我們時，我們的情緒不再像過往那般容易劇烈起伏。

這一切是怎麼發生的？

書寫對於生命的意義

在本書將近尾聲的時候，我想再次為大家整理療癒書寫的精華內容。

在此之前，我還是要重申：如果你遭遇過重大的創傷，或者在書寫的過程產生強烈的情緒反應，影響到自己的生活，請務必找專業的諮商心理師處理相關議題，停止用書寫的方式療癒自己。

回顧療癒書寫的里程碑

接下來，讓我們再次梳理一下療癒書寫的幾個重要里程碑。

①恢復感受，找到核心情緒

剛開始的時候，療癒書寫是為了讓我們恢復書寫的習慣，好進入自由書寫的階段。此時，療癒的流程尚未開始。在不斷進行意念接龍的過程中，你可能對自己有了更多的思考，像是理解了自己對某些問題存在的非理性信念。然而事實上，造成我們痛苦的原因，非理性信念的影響可能不到一成，而大幅影響我們幸福的因素，更多是那些藏在冰山下超過九成的無意識層面。

感受是我們通往無意識非常重要的一把鑰匙，但是在談論感受時，我們要不是從感受中抽離出來，要不就是被情緒淹沒。

當我們以自由書寫慢慢恢復一些感受力時，我們會發覺內心的情緒原來如此豐富且龐大。而在這麼多的情緒當中，我們展開療癒之旅的關鍵就是，一定要記住情緒變化三角地帶（如圖5）。

【圖5　情緒變化三角地帶】

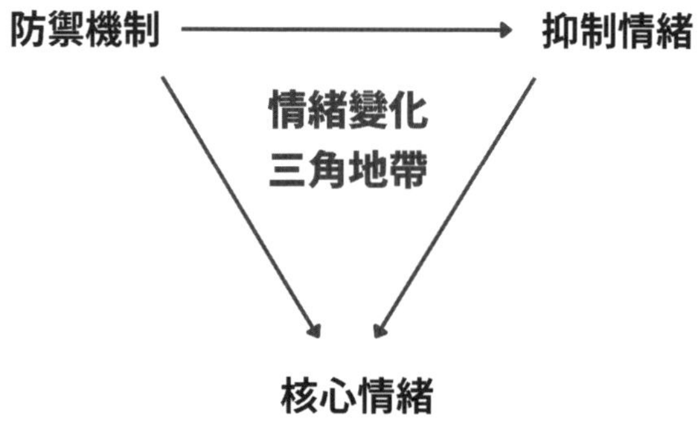
防禦機制
抑制情緒
情緒變化
三角地帶
核心情緒

接下來，我們要記住六種核心情緒（如圖6）。

【圖6　六種核心情緒】

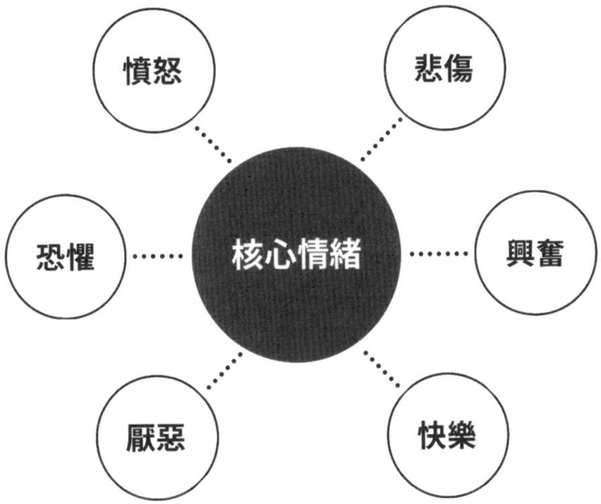

精準辨識自己的感受非常重要，你可以先從當下發生的事件開始分析和感受。請務必聚焦在核心感受，並且仔細進行書寫，這樣才能達到療癒的效果。如果只是停留在防禦機制和抑制情緒，那麼書寫其實只是反覆重述之前的問題。

於是，我們必須來到第二個里程碑。

②面對傷痛，開啟療癒之旅

當我們忽略核心情緒、啟動抑制情緒，採取某種防禦機制時，這個連鎖反應被重複了許多遍，最終形成我們的行為模式。這個模式重複多次之後，就變成我們的人格結構，也成了我們與他人有所區別之處。

回顧的過程中，有許多人認識到命運的不確定性，也更清楚自我的價值。這種療癒書寫的效果非常顯著，比傳統支持性的心理教育效果更加明顯。

敘事寫作療法包括：結構化寫作療法，表達性寫作療法和敘述暴露療法。其中，敘述暴露療法是三種療法中獲得有效證據支持最充分的。透過書寫暴露，我們精準地找到自己曾經被壓抑的核心情緒，就像一把鑰匙，將我們人生的困局之門一一打開，我們也就能找到問題的解決方案。當你歷經整個過程後，你會驚訝地發現，原來所有的問題都是一個模式，而解決方案就是上述的同一把鑰匙。

回顧過往也像是一個倒垃圾的過程。我們在無數的事件中還原當時的情景，描述當時的感受，讓那些曾經不被化解的情感有所宣洩。我們撥開抑制情緒的迷霧，看到受傷的核心感受，並且在書寫中釋放被壓抑的創傷，越寫越通暢，越寫越快樂。

更重要的是，當我們以第三者的身分回顧過往時，我們不是故事的主要人物，而是以覺察的自我與當時受傷的小孩拉開距離，這樣我們就可以更全面、更宏觀、更多面向來理解當時的事件。同時，我們也能理解自己，理解身邊的人，壓在心裡的石頭也能就此放下。

③展開對話，產生療癒力量

當我們回顧自己過往的經歷後，自然會意識到我們成長過程中，主要照顧者（主要是父母）對待我們的方式，在我們的生命中形成了一些獨特的議題。但是，我們並不是要向父母興師問罪，而是以一種新的觀點和思路，帶著好奇去了解我們的父母，看看他們的人生經歷過什麼。

也許你會突然意識到，你對父母以及整個家族所知甚微。也許你會看到原來忽略的部分，產生新的情緒，或是讓原來不敢表達的情緒得以梳理。在一次次情緒改變的過程、一次次理解自己的情緒之後，你內在受傷的部分便能逐步獲得療癒。於是，你就有更穩定的情緒去面對現實環境，更有力量面對父母和未來的人生。

這樣做的目的，並非是為了和解，而是為了修正父母留在我們內心的各種影響，讓自己能夠更加坦然地面對生活。

④重塑自我，完成心理蛻變

我們人生的各個階段，除了痛苦，還有許多支援我們走下去的資源和力量。無論是某個事件還是某個重要的客體，當我們關注這些人事物，我們其實已經給了自己無限的力量。尤其在重要他人參與我們某段受傷的經歷，並與我們對話時，可以體驗到的是重生的力量，這份力量支撐我們走向更好的未來。此外，我們也能從家族中汲取力量，找到自己的人生使命，活出生命的意義。

到目前為止，療癒書寫會經歷以上四個里程碑。

尋找自己的內在價值

接下來，我們要尋找自己的人生使命，開啟未來的人生藍圖，你準備好了嗎？

在此，我想先問你幾個問題：你最重視的價值是什麼？這個價值對你而言代表什麼？它如何影響你的決策和行動？從現在開始，你可以做什麼來實現這個價值？

許多人在回答這些問題的時候，脫口而出的答案是「金錢」。賺錢和擁有更多的財富，當然是一般人普遍看重的價值。但是，金錢只是我們想要實現目標的手段，不是我們內在最看重的價值。目標可以達成，達成之後就被劃掉了，不再繼續指引我們；但價值會持續指引我們行動。例如，如果你看重的價值是家庭，那麼你其實不用等到賺大錢以後才好好照顧家人，生活中有無數的時刻可以讓你有所行動。

許多時候，我們清楚地知道自己不想要什麼，但是常常不清楚自己想要什麼。清楚自己的內在價值為何，可以幫助我們了解自己想成為什麼樣的人，想與他人建立什麼樣的關係，做什麼才能讓生活變得更加豐富有意義。如此一來，生活有了意義，也讓我們更願意與情緒的壓力同行。

如果你不知道自己最看重的價值是什麼，你可以先回顧自己近期達成的一個目標，分析這個目標背後實現了什麼樣的價值，再一一將你實現的數個目標整理出來，分析背後的價值是不是如出一轍？如果是，那就是你看重的內在價值。

人生就是一趟旅途，價值就如同北極星一般指引著旅人。請你全力以赴追尋自己的人生價值，但也不要把它看得太重。這就像我們不會每走一步就抬頭看向北極星，我們得先看清地面上的障礙，確保自己不會摔倒和受傷，但我們心裡知道，只要隨時抬起頭，北極星就在那裡。

書寫可以讓生命重來一遍

透過自由書寫，我們不斷地擦拭心靈中起霧的那面鏡子，拭去虛假自我企圖以模糊遮掩的真實自我，讓自己越來越真實。

如果這個世界讓你感到不安，而且難以向任何人訴說，自由書寫會幫助你抒發情緒、理解自己。每天在任何空檔讓自己寫兩百個字，養成一個簡單的習慣，如果你可以持續，就可以從文字背後發現真實的自己。當你在書寫中形成自我認同，你也會越來越喜歡自己，越來越愛自己，這就是療癒書寫的目的。

我們的左腦稱為意識腦，而右腦主要儲存隨意的、想像的、直覺與感官的影像，被稱為潛意識腦。從情緒治療的角度來看，右腦能夠喚起情緒。我們大多數人可能並不知道如何挖掘潛意識。根據腦科學研究表示，創傷記憶留在海馬迴當中，而海馬迴是沒有時間概念的，用精神動力學的語言來說，潛意識沒有時間概念，如果潛意識被喚起，那就如同是當下的經驗一般。

已經發生的事情無法被改變，但是記憶和體驗是可以改變的。這也是療癒的前提。因此，當我們進入童年的創傷經驗時，我們就好像回到了曾經的當下。正因如此，當情緒被喚起，我們就能進行干預，改變曾經的記憶。

走過療癒書寫的整個過程之後，你在人生的其他階段仍然可以將這些書寫的內容拿出來回顧。例如，某天突然發生一件事，你並不理解為什麼，在書寫還原過程後，又發現了那個隱隱作痛的核心情緒。於是，你恍然大悟。這時候，你可以不再責備自己，而是淡然一笑，輕聲地說：「唉，你又來了。」

練習——改變你的生命故事

最後，讓我們用這個練習完成本次療癒書寫之旅。

在上一章，我們給重要他人寫了一封信。現在我要邀請你做一件事情：當你了解父母和家族的過往之後，你是否感覺到自己的使命，或者生而為人的意義呢？無論你找到了什麼，都請你寫出來。請按照以下格式改寫你的生命故事。

第一部分，請站在今天的角度，回顧曾經發生在你身上的事情，在每一件對你有害的事件背後，想想你從中得到的幫助和力量為何？你如何以嶄新的角度來看待那件事？

第二部分，請基於對家族過往的理解，想想自己的人生使命是什麼？你如何靠家族提供的幫助繼續走下去？

＊　＊　＊

範文——終結代際傳遞的創傷

文／謝忻霏

看完周老師療癒書寫的內容，每一次內心都會波濤翻滾、感慨不已。從自己的昨天、今天、未來的回顧與聯想，到個人、家庭、家族在時代浪潮中的變遷與起伏，我們探尋和思考自己的人生使命，有磨難與痛苦，但也有資源與力量。

我自己持續在個人體驗中，探尋到被拋棄的悲傷情結。回顧之後，也透過這次書寫得到了療癒，我更深刻地看見恐懼和憤怒，這是我的核心情緒。看見和覺察核心情緒，是我此次學習的最大收穫。因爲看見，我對自己有了更多的理解和慈悲；也因爲看見，我對父母、家族關係的沉重糾葛有了更寬廣的認識；同時，因爲看見，我知道自己可以從這裡開始，從現在開始，一點點放下，再慢慢地拿回許多……

過去，我核心情緒裡的悲傷來源，似乎是自己十個月大時被媽媽斷奶、拋棄，那時她意外發現自己懷了弟弟，而且已經有三、四個月的身孕了。從小到大，我理智上雖然相信爸媽不會重男輕女，可是我心底知道，不管是物質還是心理層面，他們始終把弟弟看得比我重要。於是，我在各方面努力、爭強好勝，一直到現在，我好累、好辛苦，雙肩、後背、四肢和脖頸總是痠脹到不行。

回顧爸爸和媽媽的出生、外婆的人生，他們都比我更早、更慘地「被拋棄」。爸爸約十個月大時，奶奶被瘟疫奪去年輕的生命；外婆才剛與外公結婚一個月，媽媽都還沒出生，外婆就遭到外公拋棄，之後再也沒有回頭。唉，他們怎麼會不悲傷、恐懼和憤怒呢？跟活下去相比，這些核心情緒倒是不幸中的萬幸，而顯然他們也把這些情緒傳承給子孫了。

我知道這是我承接生命時，必須承接的「禮物」和「代價」。以此爲證，我是祖輩和父輩的後代。

我因親密關係極度痛苦、困惑和迷惘，因此走進心理學，開啓自我探索、療癒和發展之旅。我猜自己在數年的摸索之後，將兒童青少年心理諮商與輔導作爲專業方向，可能正是源於自己那份「被拋棄」的悲傷、恐懼和憤怒的情結。我一定是想救贖那些被父母無意識拋棄的孩子，才在機緣巧合下，成爲幾所中小學的諮商心理師和輔導老師。

在此次的療癒書寫之旅中，我看到父母和外婆也曾是那些被拋棄的孩子，家族這條深沉的河流，同時也有支持我走上療癒之路的力量，有了祖輩和父母輩傳承給我的支持，我心裡更加篤定和溫暖了。

以前，我也曾被一些莫名的無力感牽扯和羈絆，想做一些事情卻沒有做，或者做不動。透過這次書寫，我感受內心的力量正在一點點地滋長，就像一陣陣暖流流經全身的每一個細胞。我想，我可以重新開始了，我也許做不了許多，但是我可以做我能做和可以做的。謝謝家族裡所有的長輩、祖輩和父母輩，感恩家族裡的每一位家人！

＊　＊　＊

寫作指導——轉身面對陰影

到這裡，就是療癒書寫的最後一個練習了。

這個練習的設計是基於一個前提：人生的苦難都是為了成就我們。換一個態度看待我們的過去，我們就可以從中獲得幫助和力量，不只找出規律，也能找到自己的人生使命，然後好好規畫未來的人生之路。當然，尋找人生需要經歷漫長的摸索過程，本章的練習也只是埋下一顆種子。當你換個角度回顧過往的時候，你身上的力量可能也就不一樣了。

不知道當你表達這些內容的時候，你的內在情感如何，有沒有新的感悟和體會？不回顧過去，就不會知道過去以何種方式困擾你；當你勇敢面對的時候，你會發現無限的力量和幫助。在此祝福你可以勇敢面對過去，活出精彩的未來。

請你相信，書寫的力量無窮！

後記

屬於你生命獨一無二的珍貴體驗

轉眼已到了書籍的尾聲，無論你在這段時間經歷了什麼，獲得了什麼樣的生命禮物，有什麼樣的領悟，或是在過程覺察到怎樣的情緒起伏，都是屬於你生命獨一無二的珍貴體驗。

我想，讀完本書並跟隨書中內容練習之後，你或許已經有了以下收穫：

①在失落消沉、無人可以傾訴時，可以打開電腦或是拿起筆，開始自由書寫。

②記錄的過程中，學會覺察自己的情緒起伏與非理性信念，不再任性衝動。

③能夠仔細描述感受，無論是心理感受還是身體感受。

④允許悲傷、恐懼、厭惡、害怕等感受存在，並且不再逃避這些感受。

⑤有意識地發掘生活中積極正向的幫助和力量。

⑥或許會改變與親人的相處方式，允許對方做自己，並且不讓自己受到影響。

除了在自由書寫的過程中發現自己的潛意識、療癒核心情緒之外，療癒書寫最後的部分也非常重要，那就是發現自己人生的意義。

過去是我們牽絆的所在，未來是我們前進的動力。每個人都在用自己的生命創造獨一無二的生命故事。作為自己生命故事的創作者，當你在生命的最後回望，你想讓其他人如何定義你？希望你現在就可以開始思考這個問題。

過去雖然給了我們許多傷痛，但在克服傷痛的同時，也提供我們許多幫助。當我們轉身看向未來，或是低頭檢視自己已經擁有的事物時，也許我們會發覺，幸福其實就在身邊，力量一直在自己的手上。希望你可以好好規畫手中掌握的資源，帶著勇氣上路，真實地愛自己和身邊的人。

當然，每個人的道路都不一樣，在心靈成長的路上，我們會遇到形形色色的人，嘗試各式各樣的療癒方法。這套療癒書寫的方式，未必能夠成為你生命議題的終極解方。但我仍然期待，當你在若干年後回顧這段書寫傷痛的日子，你會發現這段時間對你的成長有所裨益。

i生活 44

把痛苦寫成一朵花

作　　者　周麗瑗
封面設計　之一設計工作室／鄭婷之　**內文排版**　游淑萍
總 編 輯　林獻瑞　**責任編輯**　關天惠　**行銷企畫**　呂玠忞

出 版 者　好人出版／遠足文化事業股份有限公司
新北市新店區民權路108之2號9樓
電話02-2218-1417　傳真02-8667-1065
發　　行　遠足文化事業股份有限公司（讀書共和國出版集團）
新北市新店區民權路108之2號9樓
電話02-2218-1417　傳真02-8667-1065
電子信箱service@bookrep.com.tw　網址http://www.bookrep.com.tw
郵撥帳號 19504465　遠足文化事業股份有限公司
讀書共和國客服信箱：service@bookrep.com.tw
讀書共和國網路書店：www.bookrep.com.tw
團體訂購請洽業務部(02) 2218-1417 分機1124
法律顧問　華洋法律事務所　蘇文生律師
印　　製　博創印藝文化事業有限公司　電話02-8221-5966

出版日期　2024年7月31日
定　　價　380元
ISBN　978-626-7279-86-1
ISBN　9786267279854（PDF）
ISBN　9786267279847（EPUB）

國家圖書館出版品預行編目(CIP)資料

把痛苦寫成一朵花／周麗瑗著. -- 初版. -- 新北市：遠足文化事業股份有限公司好人出版：遠足文化事業股份有限公司發行, 2024.07
面；　公分. --（i生活；44）

ISBN　978-626-7279-86-1（平裝）

1.CST: 自我肯定 2.CST: 自我實現 3.CST: 生活指導

177.2　　113009944